자유심증주의

변호사 유머와 함께 보는

자유심증주의

법　　진실　　정의

저자 안천식

 도서출판 옹두리

자유심증주의에 대한 궁금증

[문제] 아래 예시한 민사소송법 제202조의 내용은 무슨 뜻인지 다음 보기 중에서 고르세요.

> **제202조(자유심증주의)**
> 법원은 변론 전체의 취지와 증거조사의 결과를 참작하여 자유로운 심증으로 사회정의와 형평의 이념에 입각하여 논리와 경험의 법칙에 따라 사실 주장이 진실한지 아닌지를 판단한다.

(1) 법원은 변론 전체의 취지와 증거조사 결과를 참작하여 자유로운 심증으로 사실 주장이 진실한지 아닌지를 판단할 수 있는 권한이 있다는 의미이다.

(2) 법원은 사회정의와 형평의 이념에 입각하여 논리와 경험의 법칙에 따라 사실 주장이 진실한지 아닌지를 판단해야 할 책무가 있다는 의미이다.

정답: (　　)

차례

PART.2
편지

증거자료 목록

PART. 1

제1장

변호사 계산법

변호사 유머1[**] – **변호사 계산법**

어느 날, 누군가가 변호사, 공학자, 수학자를 테스트하려고 "1+2는 몇인지?"를 물었는데, 대답은 다음과 같았다고 합니다.

- 수학자: 3입니다.
- 공학자: 3.0입니다.
- 변호사: 얼마를 원하십니까?

저자는 사법연수원 수료 후 2005년부터 변호사업에 종사하였는데 그때까지 대한변호사협회에 등록한 변호사 수는 겨우 9,000명 남짓하였습니다. 전체 법조인 수가 워낙 부족하

[**] 이 책에 나오는 변호사 유머는 인터넷 나무위키(https//namu.wikki)의 내용 중 일부를 인용한 것임을 밝힙니다.

다 보니 당시에 상당수 일반 국민은 판사·검사는 물론이고 변호사를 직접 접할 기회는 그리 많지 않았습니다.

2008년 즈음 저자가 자문을 맡고 있던 모 중소기업 임원은 같은 회사 여성 직원과 함께 저자 사무실을 찾아와 법률 상담을 하였던 적이 있었습니다. 그 여직원은 상담을 마치고 돌아가면서 모 임원에게 이런 말을 해서 적잖이 놀란 일이 있었습니다.

"이사님, 제가 태어나서 직접 변호사님을 만나 뵙고 법률 상담까지 하다니, 정말 출세한 것 같습니다."

이는 그만큼 변호사 수 자체가 적었을 뿐 아니라 당시까지만 해도 지역 사회에서는 인정(人情)과 관행(慣行)에 기반한 공동체 신뢰가 비교적 두터웠기 때문이었을 것입니다. 더불어 서구에서 유래된 오늘날의 재판제도나 법률 전문가와의 상담 문화가 우리의 일상생활 속까지 깊이 정착하지는 못하였던 탓도 한몫했을 것입니다.

반면, 미국을 비롯한 서구에서는 비교적 일찍부터 일반 국민도 배심원으로 직접 재판에 참여하는 등 일상생활 자체가 법률문화와 밀접하게 관련하며 발전하였습니다. 이 과정에서 변호사 등 법률 전문가를 접할 기회가 많아지면서 특히 변호사의 세속성을 풍자하는 문화가 꽤 발달한 것 같습니다.

풍자에 등장하는 변호사의 특징을 보면, 대부분 지나치게 돈에 대한 탐욕을 드러내면서 인간미(도덕성 등)는 바닥인 행태를 날카롭게 꼬집는 내용입니다. 같은 법률 전문직에 종사하는 판사·검사·변호사 중 유독 변호사에 대한 풍자가 발달하게 된 연유는 무엇일까요?

생각건대, 일찍이 산업사회로 진입한 미국은 '소송의 나라'라는 별명답게 작은 분쟁도 법정에서 해결하는 경우가 많았고, 그 과정에서 일반인은 불가피하게 변호사를 찾았을 것입니다. 법적 분쟁 과정을 겪어 본 분들은 아시겠지만, 재판과정은 생각한 것보다 훨씬 복잡하고 진행이 더딜 뿐만 아니라, 그 결과도 그리 만족스럽지 못한 경우가 대부분입니다. 그럼에도 그러한 과정에서 변호사들은 꼬박꼬박 수임료를 챙기게 됩니다. 법적 분쟁 과정과 결과에 불만을 품은 국민 입장에서 변호사의 그런 모습들이 무척 얄미웠을 것입니다. 즉, 만족스럽지 못한 결과는 오히려 판사 혹은 검사에게서 비롯된 측면도 상당할 것입니다. 하지만, 일반인으로서는 공무원인 판사나 검사에게 돈(수임료)을 주지 않았으니 그들에게 직접 불평하기는 쉽지 않았을 것입니다. 반면, 수임료를 지급받고도 더 좋은 결과를 이끌어 내지 못한 변호사는 비교적 만만한 화풀이 대상이 될 수밖에 없었을 것입니다.

물론 변호사 중에는 정말로 돈만 탐하면서 제대로 일하지 않는 이들도 있을 것입니다. 하지만 따지고 보면 변호사를 풍자하는 유머의 기원은 그 나라의 사법 문화와 판결에 대한 불만과 불신이 누적되면서 자연스럽게 형성된 현상이 아닐까 생각됩니다.

그렇습니다. 일찍이 법치주의가 확립된 미국 사회에서조차도 법적 분쟁을 해결하는 과정은 매우 까다로운 분야였습니다. 그러다 보니 법을 다루는 법률가(변호사·판사·검사) 영역에 대한 불신과 함께 부러움도 공존하였을 것입니다. "불신과 부러움"이라고 한 이유는, 법률가들의 행태가 썩 마음에 내키지는 않지만, 그렇다고 이를 무시해 버리면 오히려 큰 화를 당할 수 있다는 일종의 가벼운 공포감이라고 할 수 있을 것 같습니다.

자유심증주의

최근 우리 사회에도 변호사 등 법률가들 숫자가 크게 증가하였습니다. 이와 궤를 같이하여 법조인(판사·검사·변호사)에 대한 누적된 불만도 심심찮게 밖으로 표출되면서, 미국에서 유행하던 변호사 풍자 유머가 꽤 인기를 끌고 있는 것 같습니다.

좀 생뚱맞지만, 앞서 본 풍자 유머 [변호사 계산법]에 나오는 상황을 변호사 입장에서 되짚어 보겠습니다.

직업이 변호사인 저자로서는, [변호사 계산법]에 나온 질문(1+2=?)에 대한 변호사의 답변(얼마이기를 원하십니까?)은 매우 현명한 것으로 해석하였는데, 그 이유는 다음과 같습니다(가벼운 해학을 너무 진지하게 해설하려는 이 살벌한 분위기를 일종의 직업병이라고 놀려대도 기꺼이 감수하겠습니다).

첫째, 질문의 의도 자체가 유도되었습니다.
즉 수학자, 공학자, 변호사에게 "1+2=?"라는 문제를 내는 것 자체가 난센스이고, 이를 순진하게 "3" 혹은 "3.0"이라고 대답하는 것도 질문의 의도와 분위기를 전혀 파악하지 못한 것으로 보입니다. 따라서 이러한 종류의 질문에 오히려 질문으로 응수하는 것은 전략상 매우 적절한 방법이라고 할 수 있습니다(부디 궤변이라고 화를 내면서 책을 던져버리지 마시고 끝까지 읽어주는 아량과 인내심을 발휘하시기 바랍니다).

둘째, 질문의 전제가 되는 사실 자체가 잘못되었을 수가 있다는 점입니다.

이 책을 읽는 독자님들도 세상살이가 숫자나 수학 공식처럼 명료하게 딱 떨어지지 않는 경우가 많다는 점을 일응 수긍할 것입니다. 비록 위 문제에서 질문을 숫자로 단순화해서 "1+2=?"이라고 물었지만, 실상 문제에서 말한 숫자 "1" 혹은 "2"는 단순한 숫자 이상의 의미가 있을 수도 있습니다. 또한 이를 정확히 측정하면 "1.00" 혹은 "2.00"이 아니라 "1.234…" 혹은 "2.789…" 또는 그 외의 숫자일 가능성도 완전히 배제할 수는 없습니다. 공학자가 "3.0"이라고 답한 것만 봐도 위와 같은 의문이 전혀 허황된 것은 아니라는 일말의 근거가 될 수 있을 것입니다.

그렇다면, 우선 질문의 전제가 된 사실, 즉 "1"과 "2"의 실체를 정확히 파악하거나 측정하여 그 실질을 명확히 확정하여야 위 질문에 대한 대답이 가능할 것입니다. 독자님들도 세상을 살면서 출발 지점에서 0.001도만 어긋나더라도 오랜 시간 먼 거리를 지나 도착 지점에 이르게 될 즈음에는 전혀 엉뚱한 곳에 와 있는 경우를 가끔 보았을 것입니다. 시작 지점에서 주어진 질문 자체의 정확성을 제대로 검증하지 않고서 서둘러 답변부터 하게 되면 자칫 가까운 장래에 헤어날 수 없는 수렁을 헤매는 오류를 범할 수 있다는 것입니다.

그러니 "1+2=?"에 답하기에 앞서, 질문자에게 위 문제의 답이 무엇이라고 생각하는지를 먼저 물어본 변호사의 답변은 매우 현명하고 적절하다는 것입니다(다시 한번 부탁하건대, 때로는 진실에 접근하는 데 많은 인내를 요한다는 사실을 인지하시고 부디 책을 덮어버리는 일이 없기를 바랍니다).

지금까지의 논리를 변호사의 일상과 연결하여 정리하면 다음과 같습니다. 변호사는 법률분쟁에서 그 주장과 답변을 명확히 하기 전에 먼저 문제 자체를 충분히 검증해서 '전제되는 사실을 정확히 확정'하여야 합니다. 이는 변호사가 종사하는 재판 분야의 송부 업무에서 가장 중요한 일 중 하나입니다. 때때로 법률가들마저도 이와 같은 사실의 정확한 확정(혹은 특정)의 중요성을 간과하는 경우가 적지 않습니다. 그렇게 되면 분쟁의 종결점은 전혀 엉뚱한 방향으로 향하게 될 것이라는 사실을 명심하여야 합니다.

여전히 고개를 갸우뚱하는 분들이 계시군요.

그럴 줄 알고 다음 장부터는 저자가 실제로 경험한 〈H건설 vs 기을호 사건〉 관련 사례를 함께 살펴보려고 합니다. 여러분은 실제 소송 사례에서 '정확한 사실의 확정'이 얼마나 중요한 것인지, 출발 지점에서 방향을 조금만 틀어버리면 먼 장래에는 어떠한 일들이 벌어지며, 어떠한 결론으로 치닫게 되는지를 실감하게 될 것입니다.

자유심증주의

제2장

사례연구1

H건설 vs 기을호: 부동산소유권이전등기 소송

2005년 11월 3일 대기업 H건설은 김포시 고촌면 향산리에 사는 기을호(기노걸의 장남)를 상대로, 『기을호는 1999. 11. 24.자 토지매매계약 잔대금 9억 8,000만 원을 지급받음과 동시에 기을호 소유의 이 사건 토지(약칭) 약 980평(이하 '이 사건 토지'라 함, 당시 시가 약 50억 원)에 대한 소유권이전등기를 이행하라』는 내용의 소송을 제기합니다.

H건설이 위 소송을 제기하면서 제출한 증거와 논거는 다음과 같습니다.

1) 1997년 8월경 D건설은 기노걸(기을호의 부친, 2004년 8월 사망)과 이 사건 토지를 매매대금 19억 6000만 원에 매수하는 매매계약을 체결하고 그즈음 계약금과 중도금 합계 9억 8000만 원을 지급하였고, 나머지 잔대금 9억 8000만 원은 사업허가 후 2개월 이내에 지급하기로 약정하였다(관련 증거: D-기노걸 1997. 8.자 매매계약서〈증거 1〉).

2) 그런데 D건설은 IMF 유동성 위기를 견디지 못하고 1998년에 부도가 났고, 기노걸에게 잔대금 9억 8000만 원을 지급할 수 없는 처지가 되었다.

3) 약 3년 뒤인 1999년 11월 24일 H건설은, 그동안 D건설이 기노걸을 비롯한 김포시 인근 지주 24명과 체결한 부동산매매계약을 D건설로부터 양수하는 내용의 사업양수도계약을 체결하고, D건설에게 총 36억 원의 토지비를 지급하였다(관련 증거: H-D건설 사업인수계약서〈증거 2〉).

4) 한편 그즈음 H건설은 1999년 11월 24일 시행사 Y건설과의 사이에, Y건설은 H건설을 대신하여 종전 D건설

자유심증주의

명의로 체결된 기노걸을 포함한 24명 지주와의 부동산 매매계약의 매수인 명의를 D건설에서 H건설로 변경하는 내용의 새로운 매매계약을 체결해 주기로 하는 매매계약체결 대행 용역계약을 하였고, 그 대가로 H건설은 Y건설에게 총 약 37억 원의 용역대금을 지급하기로 하였다(관련 증거: H-Y토지매매계약체결 용역계약서〈증거3〉).

5) 다른 한편, 매매계약체결 대행을 맡은 Y건설은 기노걸 등 지주(매도인)와 직접 새로운 매매계약을 체결하지 않고, 다시 W건설 대표 이지학(김포시 토박이)에게 H건설을 대신한 매매계약을 체결하도록 재용역을 주었다.

그런데, 1999년 11월 24일 이지학(W건설 대표)은 H건설을 대신하여 기노걸의 자택으로 찾아가서 이 사건 토지에 대하여 매수인을 H건설로 하는 새로운 매매계약체결을 체결하면서 이 사건 부동산매매계약서(이하 '이 사건 계약서'라 함)를 작성하였다. 당시 계약 체결 장소에는 Y건설 전무이사였던 A가 동행하여 그 과정을 모두 지켜보았다(관련 증거: 1999. 11. 24.자 H-기노걸 부동산매매계약서〈증거4〉).

6) Y건설 전무이사 A의 진술서에 의하면, A는 1999년 11월 24일 이지학(2001. 5. 사망)과 기노걸(2004. 8. 사망) 이 이 사건 매매계약을 체결하는 현장을 유일하게 참 관하였다고 하며, 당시 기노걸은 매매대금을 좀 올려 줄 수 있느냐고 물었지만 순순히 계약서에 도장을 찍 어 주는 것을 보았다고 한다(관련 증거: A의 진술서〈증거 5〉).

7) 또한 H건설 직원 B(토지매입 담당자)도 진술서를 통하여, 1999년 11월 24일 즈음 A로부터 5)항의 H건설과 기노 걸 명의로 작성된 이 사건 계약서를 전달받았고, 당시 건네받은 계약서에는 날짜가 공란으로 되어 있어서 직 접 자필로 계약 체결 일자를 "1999. 11. 24."이라고 기 재하였다고 한다(관련 증거: B의 진술서〈증거6〉).

8) 2004년 8월경 기노걸은 노환으로 사망하였고, 이 사건 토지는 기노걸의 장남인 기을호에게 상속되었다(관련 증거: 상속분할이 기재된 등기부등본〈증거7〉).

9) 그렇다면, 기을호는 기노걸의 상속인으로서 기노걸과 체결한 이 사건 계약서(증거4) 내용대로 이행하여야 할

자유심증주의

의무가 있으므로, H건설로부터 잔대금 9억 8000만 원을 지급받는 동시에 이 사건 부동산 소유권이전등기를 넘겨주어야 할 의무가 있다.

H건설은 소장을 통하여 참으로 멋지고 치밀한 논리로 주장을 하였는데, H건설의 주장을 뒷받침하는 증거만 다시 정리하면 아래와 같습니다.

- 증거1: D건설 - 기노걸 1997. 8. 부동산매매계약서
- 증거2: H건설 - D건설 1999. 11. 24. 사업인수계약서
- 증거3: H건설 - Y건설 토지매매계약체결 대행 용역계약서
- 증거4: 1999. 11. 24.자 H건설 - 기노걸 부동산매매계약서〈이 사건 계약서〉
- 증거5: 2005년 11월 작성 A의 진술서
- 증거6: 2005년 11월 작성 B의 진술서
- 증거7: 등기부등본(기노걸의 상속인 기을호에게 상속분할로 이전됨)

일반적으로 매매계약은 양 당사자의 합의에 따라 체결되고 성립합니다. 그런데 기을호는 H건설과 매매계약을 체결

한 사실이 없습니다. 다만, H건설 주장에 따르면, H건설은 기을호의 부친 기노걸과 매매계약을 체결하였고, 기을호는 그 토지를 상속받았기 때문에 기노걸이 체결한 계약 내용도 함께 승계받았다고 보아야 하므로, 아들인 기을호를 상대로 소송을 제기하였다고 합니다.

그러나 기을호로서는 이미 1년 전(2004년 8월)에 사망한 아버지(기노걸)가 정말로 H건설과 매매계약을 체결하였는지는 알 수가 없습니다. 평소 아버지에게서 그런 말을 들어보지도 못했고, 이와 관련된 계약서를 본 적도 없었기 때문입니다. 그렇다면, 이 사건의 쟁점은 무엇일까요?

그렇습니다. 바로 H건설은 정말로 2004년 8월에 사망한 기노걸(기을호의 부친)과 부동산매매계약을 체결하였는지 여부가 사건의 쟁점(쟁점1)이 될 것입니다.

H건설은 기노걸이 1997년 8월에 D건설과 체결한 부동산매매계약을 그대로 인수하여, 1999년 11월 24일에 기노걸과 다시 부동산매매계약을 체결하였다고 합니다. H건설의 주장이 사실이라면, 기을호로서는 이를 거절할 명분이 없습니다.

H건설은 각종 증거 자료를 통하여 〈쟁점1〉 사실을 증명하려고 합니다. 당시 매매계약 체결 현장에 참관하였다는 A의 진술서〈증거5〉, 그리고 그즈음 A로부터 이 사건 계약서를 교부 받았다는 H건설 토지매입 담당자 B의 진술서 〈증거6〉를 증거 자료로 제출하였습니다. 위 두 사람의 진술서 내용이 사실이라면, 적어도 H건설은 위 사건 소송의 논거(주장)와 이를 뒷받침하는 증거 자료를 완벽하게 갖춘 것으로 보입니다.

이제 여러분이 기을호 입장에서, H건설의 주장 내용 중 어디에 허점이 있는지를 검토해 보기 바랍니다. 물론 H건설 입장에서 기을호 반박의 허점을 파헤쳐도 상관없습니다.

말하자면 지금 H건설은 "1+2=3"이라고 주장하고 있습니다. 물론 수학 법칙으로는 1+2=3이 맞습니다. 그렇지만 H건설이 주장하는 "1+2=?"이라는 문제 자체에 어떤 허점이나 오류가 있다면 그에 대한 답은 "3"이 아닐 수 있다는 것입니다.

변호사가 하는 일들은 주로 이와 같이 주어진 주장이나 질문에 포함된 사실관계에서 어떠한 허점이나 오류가 존재하는 것은 아닌지, 의도적으로 어떠한 진실을 숨긴 상태에서 주장하고 있는 것은 아닌지를 의심하면서 하나씩 파헤쳐 나가는 것입니다.

이제 "1+2=?"라는 질문에 변호사가 "얼마가 되기를 원하십니까?"라고 되물은 이유를 조금이라도 이해하셨나요? 아직도 여전히 고개를 갸우뚱하는 분이 있다면 다음 장을 계속 읽어주기 바랍니다. 아마도 여러분들은 변호사라는 직업에 아주 잘 어울리는 분들일 수도 있습니다. 파이팅~

자유심증주의

• 정리

등장인물

H건설: 원고,

기을호: 피고, 기노걸: 기을호의 아버지(2004. 8. 사망)

A: Y건설 전무이사, 자칭 이 사건 계약 체결을 본 유일한 생존자

B: H건설 직원

D건설: 1997년 기노걸과 매매계약을 체결한 회사, 1998년 부도

Y건설: 시행사, H건설의 매매계약 체결 대행업자

W건설: Y건설의 재하청으로 매매계약 체결 대행

이지학: W건설 대표, 기을호의 고향 친구

쟁점1

H건설은 정말로 기노걸(2004년 8월 사망. 기을호 부친)과 부동산매매계약을 체결하였을까요?

😊 변호사유머2 – **변호사 계산법 2**

NASA가 새롭게 발사할 우주탐사선에 탑승할 승무원을 구하고 있었다. 그런데 이번 탐사는 매우 위험해서 살아 돌아올 확률이 거의 없었다. 응모한 사람들은 엔지니어, 의사, 변호사 등 세 명이었는데 NASA 면접관은 응모자들에게 우주선 탑승의 대가로 뭘 원하는지 물었다.

- 엔지니어: "100만 달러를 주십시오. 저는 그 돈을 우리 대학에 기부하고 싶습니다."
- 의사: "200만 달러를 주십시오. 그 돈을 제 가족들에게 남기겠습니다."
- 변호사: "300만 달러만 주십시오."

놀란 면접관은 변호사에게 왜 그렇게 많은 돈을 원하는지 물었다. 그러자 변호사가 목소리를 낮추며,

"제게 300만 달러를 주신다면 100만 달러는 당신께 드리고 100만 달러는 제가 갖겠습니다. 그리고 남은 100만 달러로 우리는 엔지니어를 우주에 보낼 수 있을 겁니다."

제3장

사례연구2

정의로운 변호사는 존재하지 않는다…?

😊 **변호사 유머 3 – 법인은 누구?**

정의로운 변호사와 산타클로스, 경찰이 한 방에 있었고 그 방에는 많은 돈이 놓여 있었다. 잠깐 방 안에 정전이 되었다가 다시 불이 켜지자 돈이 사라졌는데 누가 그 돈을 가져갔을까?

정답: 경찰(이유 – 나머지는 이 세상에 존재하지 않는 자들이다)

지구상에 정의로운 변호사가 없다는 풍자는 현직 변호사인 저자의 입장에서는 다소 억울하지만, 다른 한편으로 이해가 가는 측면도 있습니다. "정의로운 변호사"가 있는지 따지려면 "정의(正義)"가 무엇인지에 대한 본질적 의미가 규명되어야 하는데, 이게 쉽지 않기 때문입니다.

역사 이래 많은 철학자와 법학자가 '정의(正義)'가 무엇인지에 대하여 논하였습니다. 철학자 그로티우스는 정의는 "각자에게 그의 몫을 주는 것"이라고 말했습니다. 참 멋있는 말입니다. 그렇다면 "각자의 몫"이란 또 무엇일까요. "이것이 각자에게 주어진 몫이다."라고 판단하고 정의(定義)해 줄 수 있는 사람은 또 누구일까요? 참 어렵습니다.

여러분들은 정의(正義)가 무엇이라고 생각하는가요?
"정의"가 무엇인지 잘 모른다면, 어떤 사람이 "정의로운 변호사"인지도 모호할 수가 있고, 더 나아가 과연 그런 변호사가 지구상에 존재하는지에 대한 의심을 표할 수도 있을 것입니다. 그러니 [변호사 유머-3]은 애초부터 모호한 개념을 내세워 변호사를 놀려먹을 생각으로 만들어 낸 풍자일 가능성이 높습니다. 이렇게 생각하면 풍자 자체가 조금 귀엽다(?)는 생각도 하게 됩니다.

아마도 판사·검사보다는 '변호사'를 풍자의 대상으로 삼기가 쉬웠을 거라는 생각도 해봅니다. 정의로운 판사 또는 검사가 없다(?)라고 일갈하기는 다소 부담스러웠을 것입니다. 결국 [변호사 유머-3번]은 법률가 중 그나마 일반 국민에게 조금은 친근하다고 할 수 있는 변호사를 풍자함으로써 법적 분쟁 해결에 대한 불만을 간접적으로 표출한 것이 아닌가 생각해 봅니다.

그러면 현실에서 법률 분쟁과 그 과정에서 변호사의 모습은 어떠할까요? 앞서 살펴본 사례를 조금 더 들어가 보기로 하겠습니다.

[사례연구2 - H건설이 제출한 증거의 검토]

[제2장 사례연구1]에서 H건설이 제출한 7가지 증거는 다음과 같습니다.

여러분은 이 중 어떤 부분이 가장 의심이 가는가요? 만일 의심스러운 부분이 있다면 여러분은 그 부분을 집중적으로 파고들면서 검증하여야 할 것입니다. 변호사는 법률 분쟁 해결 과정에서 이러한 훈련을 계속 받으면서 점차 성장합니다.

- 증거1: D건설-기노걸 1997. 8. 부동산매매계약서
- 증거2: H건설-D건설 1999. 11. 24. 사업인수계약서
- 증거3: H건설-Y건설 토지매매계약체결 대행 용역계약서
- 증거4: 1999. 11. 24.자 H건설-기노걸 부동산매매계약서〈핵심〉
- 증거5: 2005년 작성 A의 진술서
- 증거6: 2005년 작성 B의 진술서
- 증거7: 등기부등본(기노걸의 명의가 상속분할로 기을호에게 이전됨)

저자의 경험에 따르면 다음과 같습니다.

먼저 〈증거1, 2, 3, 7〉에 대하여는 증거의 성립에 대하여 문제를 삼기 어려울 것으로 보입니다. 〈증거1〉은 기노걸이 계약을 체결하고 계약금과 중도금 합계 9억 8000만 원을 지급받았으니 이를 의심하는 것은 자기모순입니다. 〈증거 2, 3〉은 H건설이 D건설 및 Y건설과 체결한 계약이니 기을호가 이에 대하여 진실성을 다투는 데에는 한계가 있고, 아마도 H건설도 이러한 문서까지 거짓으로 제출하지는 않았을 것입니다. 〈증거7〉은 공적 장부이니 그 진실성은 강력하게 추정됩니다.

반면, 〈증거4, 5, 6〉의 경우는 조금 다릅니다.

〈증거4〉의 진실성 여부는 이 사건의 핵심 쟁점이자 목표로 보입니다. H건설은 1999년 11월 24일 기노걸과 부동산매매계약을 체결한 근거라고 주장하고 있습니다. 반면, 기을호 입장에서는 2004년 8월에 사망한 아버지에게서 위와 같은 계약을 체결하였다는 말을 전혀 들어보지 못하였다고 하면서 누군가가 위조한 것이라고 주장합니다.

공교롭게도 이 사건 계약서에는 기노걸의 주소·성명·주민등록번호·계좌번호가 한글로 기재되어 있기는 하지만, 그것은 기노걸의 글씨나 필체가 아니었습니다. 계약서에 날인된 인영(印影, 도장 날인 흔적)도 기노걸의 한글 막도장이 날인되어 있을 뿐 인감도장이 아니었습니다. 이 정도의 계약서라면 기노걸의 인적 사항을 알고 있는 사람이 얼마든지 막도장을 만들어서 기노걸의 허락 없이 위조할 수도 있습니다. 이 점에서 H건설과 기을호의 주장이 팽팽하게 대립되고 있습니다.

〈증거4〉의 진실성 여부는 결국 〈증거5, 6〉의 신빙성에 따라 판가름이 날 것 같습니다.

먼저 〈증거5, A의 진술서〉를 보겠습니다.

A는 H건설에게 이 사건 토지에 대한 매매계약체결 대행을 용역받은 Y건설의 전무이사 겸 토지매입 담당자라고 합니다. 이 사건 토지의 매매계약체결 자체가 A의 주된 업무였다는 의미입니다. 그런데 A는 H건설을 대신하여 직접 기노걸과 매매계약을 체결하지 않고, 김포시 고촌면 향산리 주민인 이지학(2001. 5. 사망, W건설 대표)에게 매매계약체결을 대행시키고 자신은 **계약 체결 장소에 참관만 하였다**고 합니다. 이지학은 김포시 고촌면 토박이 주민이었고, 기을호와 함께 자란 고향 친구이기도 합니다. 당시 기노걸을 비롯한 일부 지주들은 H건설과의 새로운 계약 체결을 강력하게 반대하였습니다. A는 이러한 반대 지주들에게 매매계약 체결에 대한 승낙을 더욱 용이하게 받아내고자 그곳 주민인 이지학에게 맡겼다고 합니다.

2005년 11월 H건설이 기을호를 상대로 소송을 제기할 당시, H건설을 대신하여 계약 체결의 실무 담당자였던 이지학은 사망한 상태였고, 이 사건 토지 소유자 겸 계약 당사자로 일컬어지는 기노걸도 사망한 상태였습니다. 기노걸은 2004년 8월경 노환으로 사망하였고, 이지학은 그보다 훨씬 이전인 2001. 5~6.경 골프장에서 심장마비를 일으켜 결국 사망이 이르렀다고 알려져 있습니다.

A는 이 사건 매매계약체결 장소에 참석하였다고 주장하고 있고, 계약 체결 당시의 상황을 지켜본 사람 중 유일한 생존자라고 합니다. A는 매매계약체결 대행 용역을 맡은 Y건설 전무이사였다는 점에서 업무 관련성이 인정되는 것은 사실입니다. 그렇지만 자칭 계약체결을 지켜본 유일한 생존자라는 A의 진술을 액면 그대로 믿기에는 무언가 석연치 않은 구석이 있습니다. 더구나 A는 사실상 이 사건 계약서의 진정성 여부와 직접적인 이해관계가 있는 자라는 점에서, 객관적이고 중립적인 증인으로 보기 어려운 측면도 있습니다. 따라서 A의 진술 내용이 얼마나 신빙성이 있는지에 대한 최소한의 검증이 필요할 것으로 보입니다.

H건설 주장에 의하더라도 2005년 11월 소송 제기 당시 기준으로 이 사건 계약 체결이 이미 5~6년 전에 있었던 사실입니다. 많은 시간이 지났고, 핵심 관련자 2명이 모두 사망하였다는 점에서 검증이 쉽지는 않았을 것입니다. 그렇다고 A의 말을 그대로 믿을 수는 없습니다. 막막하겠지만 어떠한 단서라도 찾아야 합니다. 어떤 단서가 있을까요?

다음으로 〈증거6, B의 진술서〉를 살펴보겠습니다.

B는 1999년 11월부터 2005년 소송 제기 당시까지 H건설의 김포 고촌 지역 토지매입 담당자라고 합니다. B는 1999년 11월 24일에 A에게서 이 사건 부동산매매계약서를 전달받았고, 당시에는 이 사건 계약서의 계약 체결일자가 빈칸으로 되어 있어서 자필로 계약 체결일자란에 "1999. 11. 24."로 직접 기재해 넣었다고 합니다. 이는 곧 계약 체결일자를 정확하게 기억하고 있다는 의미로 보입니다.

그러나 B는 계약체결 당사자도 아니고, 계약 체결 현장을 직접 보거나 참여한 자도 아닙니다. 단지 1999년 11월 24일 즈음에 A에게서 이 사건 계약서를 전달받아서 계약서 공란에 직접 계약 체결일자를 기재해 넣었다는 것입니다. 이는 어디까지나 간접적이고 정황적인 사실에 관한 진술일 뿐입니다. 또한 B가 1999. 11. 24.에 이 사건 계약서를 정말로 직접 전달받았는지에 대한 의심도 지워버릴 수가 없습니다. 5~6년 전 과거의 일이니 그 누구도 진실을 알지 못할 것으로 생각하여 존재하지도 않는 허위 사실을 지어내었을 가능성도 배제할 수 없습니다. 이해관계가 첨예하게 대립되는 재판 현실에서 의도적으로 허위 사실을 만들어 내는 일은 흔치 않게 발생하기도 합니다. 그러니 진술 자체의 진실성과 정확성은 좀 더 검증해 보아야 합니다.

정리하면, H건설은 나름대로 논리와 증거를 바탕으로 소송을 제기하였지만, 겉보기와는 달리 이 사건 계약서가 정말로 기노걸이 작성하였다는 사실(이를 '진정성립'이라고 합니다)을 증명하는 직접적인 증거는 제출하지 못했습니다. 즉, A와 B의 진술이 사실이라면 이 사건 계약서는 기노걸의 의사에 따라 작성된 사실이 어느 정도 입증되었다고 하겠지만, 지금까지 본 바로는 A와 B의 진술이 사실이라는 확실한 증거는 없습니다.

좀 더 정리하면, A(계약체결 장소에 입회하였다)와 B(1999. 11. 24.경 A 등에게서 이 사건 계약서를 전달받았다)는 이 사건 소송을 제기하기 전에 미리 말을 맞추어 허위 사실을 만들어 냈을 개연성을 배제할 수 없다는 점에서, 사건의 실체 진실은 오리무중이라고 할 수 있습니다.

그런데 제1심 소송 진행 중 반전이 일어납니다.

바로 Y건설은 2000년 7월 28일자로 기노걸에게 내용증명 우편을 통해서 최고서를 발송한 사실이 드러납니다. 문제는 최고서 내용입니다. 최고서에는 "귀하(기노걸)가 자기의 욕심만 부리며 계약 체결에 응해주지 않고 있어 부득이 도시개발법에 의거하여 강제수용을 하려고 합니다"라는 내용이 기재되어 있었습니다. 위 내용에 의하면 기노걸은 2000년 7월 28일까지 H건설과 매매계약을 체결하지 않고 있었다는 사실이 확인됩니다. 그런데 H건설은 A와 B의 진술서를 앞세워 그보다 7개월 이전인 1999년 11월 24일에 기노걸과 계약을 체결하였다고 주장하고 있습니다. H건설의 주장은 무언가 앞뒤가 맞지 않고 삐걱거리고 있었습니다.

H건설은 이 위기를 어떻게 극복할까요? 만일 여러분이라면 어떠한 방법으로 극복할 수 있을지 생각해 보세요.

H건설은 진술서를 제출한 A와 B를 해당 재판 법정에 증인으로 불러서 이들을 직접 신문하는 방법을 선택하였습니다. 법정에 증인으로 출석한 A는 "생각해보니, 기노걸과 매매계약을 체결한 것은 1999년 11월 24일이 아니고 2000년 9월 내지 10월경이었다. 당시 날씨가 쌀쌀해서 기노걸은 거실에 있던 증인에게 모기가 들어온다고 하면서 문을 닫으라고 했다. 그 뒤 기노걸은 안방에서 통장과 도장을 가지고 나와 거실에 있는 이지학에게 통장 번호를 불러주었고, 이

지학이 현장에서 직접 이를 계약서에 기재하였으며, 이어서 기노걸이 건네주는 막도장을 계약서에 날인하는 과정을 모두 참관하여 지켜 보았다. 종전 진술서에서 계약 체결 날짜가 1999년 11월 24일이라고 기재한 것은 날짜 관계는 정확히 기억나지 않았는데 H건설이 그렇게 진술서를 작성해 와서 서명을 해 달라고 해서 아무 생각 없이 해 준 것이다"라는 취지로 진술을 번복합니다.

이어서 같은 법정에 증인으로 출석한 B도, "생각해보니, A 혹은 Y에게서 이 사건 계약서를 전달받은 것은 1999년 11월 24일이 아니고 2000년 가을경이었다. 계약서 말미에 작성일자를 '1999. 11. 24.'로 기재해 넣은 것은 그때 계약이 체결되었다는 의미가 아니라 회계상 매매대금이 지급된 날짜를 적어 넣은 것이었다"라는 취지로 진술을 번복합니다.

H건설은 A와 B를 법정으로 불러 그 진술을 번복하게 함으로써 순식간에 위기를 극복하고자 한 것 같습니다. 이로써, Y건설이 2000년 7월 28일자로 기노걸에게 보낸 "귀하가 자기의 욕심만 부리며 계약 체결에 응해주지 않고 있어 ~"라는 취지의 최고서 내용과의 충돌은 쉽게 극복한 듯도

합니다. 물론 이들의 번복된 진술이 사실일 수도 있을 것입니다. 이미 오래된 일이고 사람의 기억이란 매우 불완전하니까요.

그렇지만 B는 진술서에서 "계약서 말미에 '1999. 11. 24.' 날짜를 직접 기재한 이유가 '계약 체결일'이기 때문"이라고 하였습니다. 그런데 증인으로 출석하여서는 그 날짜로 "돈이 나갔기 때문에 회계상 날짜"라고 번복한 것은 좀처럼 이해할 수 없습니다. 이는 계약서에 계약 체결 일자가 아닌 회계상의 날짜를 기재해 넣는 경우를 쉽게 생각할 수 없었기 때문입니다.

그러던 중 또 다른 중요한 반전이 일어납니다.

기을호 측은 사건 계약서 내용에서 중요한 단서를 발견해 냅니다. 이 사건 계약서의 중간 즈음에는 매도인(기노걸) 계좌번호를 기재하는 빈칸이 있었고, 여기에는 기노걸의 **농협 계좌번호(241084-56-002254)**가 볼펜으로 기재되어 있었습니다. 문제는 계약서에 기재되어 있는 바로 그 계좌번호는 기노걸이 1997년 9월 24일에 예금계약을 해지한 것이었다는 사실입니다. H건설 측 증인 A는 법정에서 "2000년 9월 내지 10월경에 기노걸이 안방에서 통장과 도장을 가지고 나와 거실에 있는 이지학에게 계좌번호를 불러 주었고, 이재학은 현장에서 계약서에 계좌번호를 직접 기재하는 것을 보았다"라고 하였습니다.

그런데 어찌된 일인지 이 사건 계약서에 기재되어 있는 계좌번호는 기노걸이 1997년 9월 24일자로 예금계약을 해지한 것이었습니다. 다시 말하면 A의 증언에 따르면 2000년 9월 내지 10월경 계약 체결 시를 기준으로 보면, 이미 3년 전에 예금계약이 해지되어 사용하지 않던 예금통장의 계좌번호가 기재되어 있었던 것입니다.

무언가 이상합니다. 이 사건 계약서 자체에는 간과할 수 없는 많은 의혹이 집적되고 있습니다. H건설은 대한민국 최고 건설사이고, 이들로부터 매매계약 체결 용역을 받은 Y건설, 또는 Y건설로부터 재용역을 받은 이지학(W건설)은 그리 호락호락한 자들은 아니었을 것입니다. 적어도 매매계약을 체결하면서 기노걸이 직접 계약을 체결하였다는 흔적을 남겨야 한다는 사실 정도는 충분히 알고 있었을 것입니다. 예컨대, 계약서에 기노걸의 인감도장을 날인받는다거나, 기노걸에게 자필로 성명과 주소 등을 직접 기재하도록 하거나, 기노걸에게 계약과 관련한 금전을 주었을 것입니다. 그런데 이 사건 계약서에는 기노걸의 인감도장 날인도 없었고, 기노걸의 자필 기재도 없었습니다. 더구나 그때까지 기노걸은 H건설로부터 계약금이나 중도금, 잔금 등 매매계약 관련 어떠한 돈도 직접 지급받은 사실도 없었습니다.

그런데 더 나아가, 이 사건 계약서에 기재되어 있는 기노걸의 계좌번호는 1997년 9월 24일자로 예금계약이 해지되어 사용하지 않던 통장의 계좌임이 밝혀진 것입니다. H건설이 계약체결일이라고 주장하는 날(2000년 9월 내지 10월)로부터 무려 3년 동안 계좌 사용이 중지된 것이었습니다. 무슨 이유로 이러한 계좌번호가 이 사건 계약서에 기재되어 있는 것일까요?

재판부도 이상하게 생각했는지, A와 B를 다시 증인으로 불렀습니다.

A는 다시 법정에 출석하여, "2000년 9월 내지 10월경에 기노걸이 통장을 보고 불러주는 계좌번호를 이지학이 현장에서 계약서에 직접 기재해 넣은 것은 틀림없는 사실이다. 증인은 기자 출신으로서 이에 관한 기억은 정확하다"라고 강조하였습니다.

진실은 과연 무엇일까요?

정말로 기노걸은 2000년 9월 내지 10월경에 H건설을 대신한 이지학과 계약서를 작성하면서, 이미 1997년 9월 24일에 예금계약을 해지한 뒤 3년 동안이나 사용하지 않던 예금통장을 보고서 그 계좌번호를 불러준 것일까요?

앞서 본 [변호사 유머-3]에서는 '정의로운 변호사'와 '산타클로스'는 이 세상에 존재하지 않는다고 하였습니다. 산타클로스 탄생에 대한 여러 가설이 있지만, 아이들에게 꿈과 희망을 주는 동화에 등장하는 빨간 코 루돌프가 정말로 존재하는지에 대하여는 뭐라고 말씀드리기가 곤란합니다. 상상력이 만들어 낸 인물이 아니라고 단정할 수 없다는 말입니다.

H건설이 제출한 A와 B의 진술 역시 이 세상에 존재하지 않았던 사실일 수 있습니다. 만약 A와 B 두 사람이 제출한 진술서와 법정 증언 내용이 이 세상에 존재하지 않은 사실을 상상력으로 만들어 낸 것이라면, 그것은 수많은 어린이에게 꿈과 희망을 주기 위해서 아니라, 부당한 방법으로 자신들만의 이익을 탐하려고 상대방과 법원을 속이려 하였다는 점에서 그냥 웃어넘길 수는 없을 것입니다. 이로 인하여

억울한 피해자가 발생한다는 점에서도 문제의 심각성이 있습니다. 여러분의 생각은 어떠한가요? 변호사는 이 정도의 의심은 늘 품어야 하는 직업이랍니다.

● 정리

– 반전1: Y건설이 기노걸에게 보낸 2000년 7월 28일자 최고서의 진실은?
– 반전2: 이 사건 계약서에 기재된 **농협 계좌번호(241084-56-002254)의 진실은?**
– 의문점: A와 B가 갑작스레 진술을 번복한 이유는?

☺ 변호사 유머 4 – **놋쇠 변호사**

한 남자가 골동품상에 들어가 놋쇠 쥐를 골랐다.

주인: "놋쇠 쥐는 10달러고 거기에 숨겨진 비밀은 1,000달러요."
남자: "그러면 놋쇠 쥐만 사도록 하지요."

놋쇠 쥐를 사서 나온 남자는 한 무리의 쥐가 자신을 따라오는 걸 발견했다. 남자가 부두로 향했을 때 쥐 떼는 더욱 불어나 있었다. 남자가 물속으로 놋쇠 쥐를 던지자 쥐 떼가 모두 물에 빠져 죽었다. 그 뒤 남자는 다시 골동품상으로 향했다.

주인: "아하! 이번엔 비밀을 사러 오셨구만?"
남자: "아니요. 놋쇠 변호사 인형은 없습니까?"
주인: ……

제4장

사문서(계약서)의 진실성을 증명하는 방법

재판은 법률 분쟁을 해결하는 일련의 절차로서, 크게 민사재판, 형사재판, 행정재판으로 구분됩니다.

민사재판은 부동산·주식·계약·돈 등 주로 재산상의 다툼을, 형사재판은 살인·강도·사기 등 주로 범죄 행위를, 행정재판은 주로 국가 기관을 상대로 인허가·영업행위·조세 등 법률 분쟁 사건을 처리합니다. 소송 건수 기준으로는 민사소송이 압도적으로 많습니다. 여기서는 주로 민사소송 절차를 간략하게 알아보겠습니다. 민사소송은 어떤 식으로 진행될까요? 그 절차와 주요 내용을 요약하면 다음과 같습니다.

1) 당사자:

먼저 정식으로 민사소송을 제기하는 자를 '원고'라고 하고, 원고가 소송에서 지정한 상대방을 '피고'라고 합니다.

2) 소송물의 특정:

소송을 제기하는 원고는 재판의 내용(소송물)을 특정하고, 또한 상대방(피고)을 특정하여야 합니다. 이를 제대로 특정하지 못하면 각하 또는 기각됩니다.

3) 주장과 항변:

원고는 자신의 주장이 사실임을 뒷받침하는 증거를 제출하고(입증), 재판 절차를 통하여 증명된 사실을 바탕으로 법률을 적용해 줄 것을 법원에 요구하는데, 이를 '청구' 혹은 '주장'이라고 합니다. 반면, 피고(상대방)는 이에 대응하여 원고의 주장이 사실이 아니라던가, 사실임이 충분히 입증되지 않았다던가, 제출된 증거 자료가 신빙성이 없다거나, 입증된 사실에 의하더라도 법리상 원고의 주장은 이유가 없다는 등 반박을 하게 되는데, 이를 '항변'이라 합니다.

4) 증명책임:

증명책임은 원고와 피고가 각기 주장한 사실을 증명해야

하는 책임, 즉 주장 사실이 충분히 증명되지 않았을 경우 그러한 사실이 존재하지 않는 것으로 취급되어 받게 되는 위험 또는 불이익을 말합니다. 원고는 소송에서 제출한 주장 사실이 '십중팔구(80~90%)'는 진실하다는 점을 입증해야 하는데, 이를 **본증**이라 합니다.

반면, 피고는 원고의 주장 사실이 진실이 아니거나, 진실 여부가 의심스럽다는 항변과 증거를 제출해야 하는데, 이를 **반증**이라 합니다. 본증은 '십중팔구'의 엄격한 증명을 요구하지만, 반증은 '십중삼사(30~40%)'만 증명해도 충분합니다. 즉, 반증은 원고의 주장이 사실이 아닐 개연성이 있다는 정도만 증명하면 충분합니다.

그만큼 원고의 증명책임은 훨씬 엄격하게 판단합니다. 예컨대 원고가 주장 사실의 80~90%가 진실이라는 점을 증명해야만 입증에 성공하여 사실인정이 됩니다(본증 성공). 하지만 이러한 정도에까지 이르지 못하면 그러한 사실이 존재하지 않는 것으로 취급되는 불이익을 감수해야 합니다(본증 실패).

반면, 피고는 항변 사유의 30~40%만 증명하여도 원고의 주장 사실은 의심의 여지가 있다는 이유로 존재하지 않는 것으로 취급됩니다(반증 성공). 다만, 피고의 항변이 이러한 정도에도 이르지 못할 때에는 원고의 주장이 사실로 인정될 수 있을 것입니다(반증 실패).

5) 법관의 자유심증주의:

법원은 양 당사자의 주장과 제출한 증거 자료를 종합하여 사실을 확정하고 헌법과 법률에 의거하여 양심에 따라 가장 합당하다고 생각하는 판결을 선고합니다. 특히 민사소송법 제202조는 "법원은 변론 전체의 취지와 증거조사의 결과를 참작하여 자유로운 심증으로 사회정의와 형평의 이념에 입각하여 논리와 경험의 법칙에 따라 **사실 주장이 진실한지 아닌지를 판단**한다"라고 규정하고 있습니다. 바로 민사소송법의 자유심증주의 규정입니다.

형사재판에서는 원칙적으로 사실의 인정은 증거에 의하여야 하고, 특히 범죄사실의 인정은 합리적인 의심이 없는 정도의 증명에 이르러야 합니다(형사소송법 제307조 제1,2항, 증거재판주의). 형사소송에서 증거재판주의를 규정한 이유는 무엇일까요? 형사재판은 그 결과에 따라 국민의 인신의 자유가 박탈당할 수도 있으므로 최대한 엄격하고 공정하게 재판이 이루어져야 하고, 억울하게 처벌받는 사례를 최소화하여야 합니다. 이에 형사소송법은 증거재판주의를 규정하여 '공소사실 등 주요 사실의 인정'에 대한 법관의 자의(恣意)를 최대한 줄여 보고자 증거능력이 있고 법률이 정한 적법한 증거조사를 거친 증거에 의하여만 사실을 인정하도록 한 것입니다.

반면, 주로 재산과 신분에 대한 분쟁을 다루는 민사소송에서는 형사소송법의 증거재판주의에 관한 규정은 존재하지 않습니다. 즉, 민사소송에서는 법원(법관)은 당사자가 주장하는 주요 사실의 진실 여부를 '변론 전체의 취지와 증거조사 결과를 참작'하여 '자유로운 심증'으로 판단할 수 있습니다.

여기서 '증거조사의 결과'란 법원이 증거조사를 통해 얻은 증거 자료를 말하고, '변론 전체의 취지'란 증거조사 결과를 제외한 변론 과정에 나타난 모든 상황과 소송 자료를 말합니다. 예컨대 당사자의 주장 내용, 태도, 입증의 시기와 방법, 소송 관계자들의 인간관계, 증인들의 인상 등 변론에 나타난 일체의 사항 등이 변론 전체의 취지라 할 수 있습니다.

자유심증주의

물론 자유심증주의라고 하더라도 법원(법관)이 엿장수 마음대로 사실인정을 할 수 있다는 의미는 아니며, 반드시 '사회정의와 형평의 이념에 입각하여 논리와 경험법칙'에 따라서 사실인정을 해야 한다는 조건이 붙어 있습니다. '**사회정의**와 **형평**의 이념에 입각하여 **논리와 경험법칙**'이란 곧 '**정의(正義)의 규준**'을 달리 표현한 것으로 보아야 합니다.

민사소송법 제202조(법원의 자유심증주의)의 의미는 곧 재판을 진행하는 법관을 정의의 수호자로 신뢰하여 사실확정의 재량적 권한을 부여함으로써 탄력적인 재판 진행을 바탕으로 진실을 밝혀내고, 이를 토대로 하여 구체적 정의를 더욱 효율적으로 실현하겠다는 뜻이 내포되어 있다고 할 수 있습니다.

즉, 법관은 정의의 수호자라는 입장에서 소송관계인이 주장하는 사실의 진실 여부를 자유롭게 판단할 수 있고, 심지어는 변론 전체의 취지와 증거조사 결과를 참작하였다면 **증거조사의 결과에 반대되는 사실도 자유롭게 인정할 수 있는** 광범위한 재량을 부여받고 있다고 할 수 있습니다.

결국 민사소송 관련 재판 진행은 법관의 양심(良心)과 양식(良識), 정의감(正義感)을 전적으로 신뢰하는 바탕 위에 설계되었습니다. 따라서 대한민국 법원에서 진행 중인 각종 민사 관련 재판에서 구체적 정의(正義)의 실현은 그야말로 법관의 양심(良心)과 의지(意志)에 달려 있다고 하여도 과언이 아닐 것입니다.

여기서 의문을 품은 사람도 있을 것입니다.

앞서 4)항 증명책임에서는 원고는 본증 80~90% 이상 입증하면 원고 주장 사실이 인정되고, 피고는 반증 30~40% 이상 입증하면 원고 주장 사실을 사실로 받아들이지 않는다고 한 것과 법관의 자유심증주의 내용은 모순되는 것으로 보일 수 있기 때문입니다.

즉, 원고가 주장 사실을 80~90% 증명하여 해당 사실이 거의 사실로 굳어졌음에도 불구하고, 이에 대하여 법관은 변론 전체의 취지와 증거조사 결과를 참작하여 원고가 증명한 사실과 전혀 반대의 사실을 인정할 수 있을까요? 반대로 피고가 원고의 주장 사실에 대하여 30~40% 이상의 반증에 성공하여 원고 주장 사실 자체가 의심스러운데도, 이에 대하여 법관은 변론 전체의 취지와 증거조사 결과를 참작하여 원고 주장 사실을 진실로 인정할 수 있는 것일까요? 이는 바로 법관의 자유심증주의와 증명책임과의 관계 혹은 충돌의 문제입니다.

여기에는 법관의 자유심증주의가 우선한다는 견해가 대세입니다. 부연하면, 법관은 자유심증을 아무리 동원해도 도저히 사실 여부를 판단하기 어려운 경우에 비로소 당사자의 증명책임을 살펴서 사실인정 여부를 판단하게 된다는 것입니다. 즉, 법관의 자유심증주의가 끝나는 지점에서 당사자의 증명책임이 시작된다고도 할 수 있습니다.

대한민국 헌법 제103조는 '법관의 양심'을 선언하고 있고, 민사소송법 제202조도 다시 '자유심증주의'를 규정하고 있는 이유는 우리 헌법과 법률은 법관에 대한 신뢰를 기본 바탕으로 하고 있다는 점을 강조한 것으로 보아야 합니다.

그렇다면, 재판 현실에서 법관은 특별한 사정이 없는 한 변론 취지와 증거조사 결과를 참작하여 자유로운 심증으로 쟁점 사실의 진실 여부를 판단하고 이를 토대로 법률을 적용하여 판결을 선고할 것입니다. 다만 당사자로서는 법관이 자유심증주의를 바탕으로 한 사실인정 내용을 도저히 받아들일 수 없을 경우, 법에서 정한 불복 절차를 통하여 상급심에서 그러한 사실인정에 대해 '사회정의와 형평의 이념에 입각한 논리와 경험의 법칙(정의 법칙)'에 어긋난다는 이유로 다툴 수 있을 것입니다.

다시 한번 강조하거니와, 우리 민사소송법이 사실인정에 대한 법관의 자유심증주의를 규정한 이유는, 법관은 합리적 이성에 따라 사건의 실체 진실을 올바르게 판단하고, 이를 통하여 구체적 정의를 실현할 것이라는 굳은 믿음에 기초한 것입니다.

6) 사문서의 진정성립의 증명

민사소송법 제202조는 법원(법관)은 '변론 전체의 취지와 증거조사 결과'를 참작하기만 하면 심지어 증거조사 결과에 반하는 사실도 자유롭게 인정할 수 있는 자유심증주의를 채택하고 있음을 살펴보았습니다. 이는 법관의 양식(良識)을 전적으로 신뢰한 대한민국 헌법과 입법자의 결단이라고 할 수 있습니다.

여기서는 사문서의 증명력에 대한 민사소송법 제357조 내지 제359조를 살펴보겠습니다.

재판 절차는 크게 **사실확정 단계**와 **법리 적용 단계**로 구별됩니다. 이 중 '사실확정의 단계'는 주로 원고가 그 주장 내용의 진실성을 입증하는 것으로 소송 과정에서 매우 중요한 절차입니다. 이러한 단계에서 가장 많이 등장하는 증거가 바로 서증(서류로 된 증거, 이른바 증거의 왕)입니다. 대표적인 서증이 바로 당사자 사이에서 작성된 계약서 등 사문서(처분문서)입니다. 사문서는 반드시 진정하게 작성되었음이 증명되어야만 그 내용에 대한 사실을 인정할 수 있다는 점에서 법관의 자유심증주의의 예외로 분류되기도 합니다.

민사소송법에는 사문서의 진정성 증명에 대해 다음과 같은 규정이 있습니다.

제357조(사문서의 진정의 증명)
사문서는 그것이 진정한 것임을 증명하여야 한다.

제358조(사문서의 진정의 추정)
사문서는 본인 또는 대리인의 서명이나 날인 또는 무인(손도장)이 있는 때에는 진정한 것으로 추정한다.

제359조(필적 또는 인영의 대조)
문서가 진정하게 성립된 것인지 어떤지는 필적 또는 인영(印影)을 대조하여 증명할 수 있다.

이를 해설하면 다음과 같습니다.

– 민사소송법 제357조: 사문서는 그것이 진정한 것임이 증명되어야만 그 내용을 사실로 인정(추정)할 수 있다는 것입니다. 통상 원고가 주장 사실을 증명하고자 사문서(계약서)를 증거로 제출합니다. 이에 원고는 당해 사문서가 진정하게 작성되었다는 사실, 즉 위조되지 않았다는 사실을 증명해야 합니다.

본 사례에서 H건설은 자신의 주장 사실을 증명하고자 1999. 11. 24.자 H건설-기노걸 명의의 부동산매매계약서(이 사건 계약서)를 증거로 제출했습니다. 따라서 H건설은 이 사건 계약서가 정말로 기노걸의 진정한 의사에 따라 작성되었다는 사실을 증명하여야 합니다. H건설이 이것을 증명하면 승소할 것이고, 증명하지 못하면 패소하게 될 것입니다.

– 민사소송법 제358조: 사문서에 본인 또는 대리인의 도장이나 손도장이 날인되어 있거나, 서명이 있다면 해당 사문서는 본인 등에 의하여 작성된 것으로 추정됩니다. 통상 계약서는 양 당사자가 계약 내용을 확인하고 마지막에 도장 또는 손도장을 날인하거나 서명을 하는 관례가

있기 때문입니다. 다만, 이때 진정한 사문서로 추정받으려면 해당 당사자의 도장이나 손도장 또는 서명이 날인된 사실뿐만 아니라, 그것이 당사자 또는 대리인의 의사에 따라 날인되었다는 사실까지 증명하여야 합니다.

본 사례에서 H건설이 제출한 이 사건 계약서에는 기노걸의 인장이 날인되어 있기는 하지만, H건설은 그것이 기노걸의 의사에 따라 날인되었다는 사실까지 증명하여야만 이 사건 계약서의 진정성이 증명됩니다.

- 민사소송법 제359조: 사문서의 진정성을 증명할 수 있는 대표적인 방법을 규정한 것입니다.

즉, 본 사례에서 H건설은 기노걸의 다른 **필적**이나 다른 계약서에 날인된 **인영(印影**, 도장의 흔적) 등과 이 사건 계약서에 기재된 필적, 날인된 인영을 대조하여 이 사건 계약서가 기노걸에 의하여 작성된 사실을 증명할 수 있습니다.

다시 말하면 이 사건 계약서에는 기노걸의 성명, 주민등록번호, 주소, 계좌번호 등이 수기(手記)로 기재되어 있습니다. 그 필적과 기노걸의 필적과 대조하거나, 이 사건 계약서에 날인되어 있는 인영(印影)과 기노걸의 인감도장을 대조하여, 그중 하나라도 동일하면 이 사건 계약서는 기노걸이 작성한 것으로 볼 수 있다는 것입니다(민법 제358조 진정성의 추정).

공교롭게도 이 사건 계약서에 기재된 기노걸의 성명, 주민등록번호, 주소, 계좌번호 등의 필체는 기노걸의 필체가 아니었고, 날인된 인영도 기노걸이 다른 계약서에 날인한 인감도장과 달랐습니다. 기노걸은 1997년과 1998년에도 D건설과 토지매매계약서를 작성한 사실이 있었습니다. 이때 기노걸은 자필(한문)로 성명과 주소 등을 직접 기재하였고, 또한 날인된 인영도 한문으로 된 인감도장이었습니다. 다시 말하면, 이 사건 계약서에 기재된 필체는 처음 보는 것이었으며, 날인된 인영도 한 번도 보지 못한 막도장이 날인되어 있었습니다. 결과적으로 H건설은 민사소송법 제359조의 방법으로는 이 사건 계약서가 기노걸의 의사에 따라 작성한 것이라는 사실을 입증하는 데 실패했습니다.

그러면 H건설은 기노걸이 이 사건 계약서를 작성했다는 사실을 입증하는 데 완전히 실패한 것일까요? 물론 그렇지는 않습니다. 민사소송법 제359조는 사문서의 동일성을 입증하는 방법의 하나를 예시하였을 뿐, 계약서의 진실성을 증명하는 방법에는 특별한 제한이 없다고 보아야 합니다.

예컨대 계약 체결 과정에서 어떠한 사정으로 계약서에 자필을 기재하지 않고 컴퓨터 인쇄물로 대체할 수도 있고, 제3의 대필자가 있을 수도 있으며, 때로는 당사자가 인감도장을 날인하지 못할 불가피한 사정으로 막도장을 날인할 수도 있기 때문입니다.

해당 사문서 작성 당시의 각기 다른 상황과 사정을 고려하여 가장 적합한 방법을 다양하게 선택할 수 있을 것입니다. 다만 이때 선택한 방법은 통상적으로 **신빙할 수 있는 방법(신뢰할 수 있는 방법)**이어야 합니다. 이렇게 볼 때 민사소송법 제359조는 **신빙할 수 있는 대표적인 방법을 예시한 것**으로 보아야 할 것이고, 다른 증명 방법을 선택할 때에도 신빙성의 정도를 판단하는 데 민사소송법 제359조가 기준이 될 것입니다. H건설은 이 사건 계약서가 진정한 것임을 증명하여야 하고, 이를 증명하지 못하면 이 사건 계약서를 증거로 사용할 수가 없습니다(민사소송법 제357조)[**].

[**] 물론 대법원은 변론 전체의 취지만으로도 사문서의 진정성립을 인정할 수 있다고 판시하고 있습니다. 민사재판에서 법관의 자유심증주의는 그만큼 강력한 것입니다. 이는 곧 법원(법관)의 실체 진실을 향한 강력한 의지를 표현한 것이라고도 볼 수 있습니다.

정리하면, 사문서의 진정성립을 증명하는 가장 일반적이고 보편적인 방법은 민사소송법 제359조에 의한 것입니다. 즉, 계약서에 기재된 필적이나 서명 혹은 인영을 대조하여 비교적 쉽게 이를 증명할 수 있습니다. 그러나 계약서에 기재된 필적이나 서명 혹은 인영의 대조가 아닌 다른 적절한 방법에 의해서도 사문서의 진정성립을 증명할 수도 있습니다. 다만, 다른 방법을 취할 경우에 그 방법은 최소한 민사소송법 제359조보다 신뢰할 수 있어야 한다는 점에서 훨씬 엄격한 증명이 필요할 것입니다(제357조 참조).

좀 어려웠나요?

여러분은 지금 민사소송의 큰 줄기를 대부분 살펴보았습니다. 특히 사문서의 진정성립과 증명 방법은 민사소송법의 근간이라고 할 만큼 매우 중요한 부분입니다. 이 대목을 비교적 잘 이해하셨다면 여러분은 법률 전문가로서 자질이 충분하다고 보이므로, 자부심을 가져도 될 것입니다.

변호사 유머 5 - **부자들은 절대로 감옥에 가지 않는다**

어떤 사람이 회사에서 수억 달러를 횡령한 죄로 기소되었다. 담당 변호사는 싱긋 웃으며
"걱정 마시죠. 그렇게 많은 돈을 가진 사람은 결코 감옥에 가는 일이 없어요."
라며 자신만만하게 말했다.

그리고 그 변호사의 말은 옳았다.
감옥에 가게 되었을 때 그에게는 이미 한 푼도 없었으니까.

제5장

사례연구3

H건설의 계약서 진정성립 증명 방법

[제3장 사례연구2]에서 살펴보았듯이, H건설은 기을호를 상대로 소유권이전등기 소송을 제기하면서 이 사건 계약서를 증거로 제출하였지만, 민사소송법 제359조(필적과 인영의 대조)의 방법으로는 그 진정성립을 증명하는 데 실패하였습니다.

이 사건 계약서 말미에 기재되어 있는 기노걸의 주소와 주민등록번호, 성명은 기노걸의 평소 필적이 아니었고, 날인된 도장의 인영도 인감도장이 아닌 한글 막도장이 날인되어 있었기 때문입니다.

자유심증주의

기노걸이 직접 작성한 다른 부동산매매계약서(D건설과의 계약서)의 경우에는 기노걸이 계약서 말미에 **한문 자필**로 주소와 성명을 직접 기재하였는데, H건설이 증거로 제출한 이 사건 계약서에는 누군가가 기노걸의 주소와 성명을 **한글**로 기재되어 있었습니다. 또한 기노걸이 직접 작성한 다른 계약서에는 기노걸의 **한문 인감도장**이 날인되어 있으나, 이 사건 계약서에 날인된 인영은 한 번도 보지 못한 기노걸의 **한글 막도장**이 날인되어 있었습니다.

그러니 H건설로서는 이 사건 계약서에 기재된 필적이 기노걸의 필적과 동일하다거나, 이 사건 계약서에 날인된 인영이 기노걸의 인감도장과 동일하다는 주장을 할 수가 없었을 것입니다. 만일 그러한 주장을 일관하면 패소할 것이 너무나 뻔합니다.

대신에 H건설은 이 사건 계약서를 작성할 당시 현장에 참관하여 입회하였다는 A의 진술서와 그즈음 A에게서 이 사건 계약서를 건네받았다는 B의 진술서를 증거로 제출하는 방법을 선택하였습니다. 두 사람의 진술 내용으로도 기노걸이 이 사건 계약서를 작성하고 도장을 날인하였다는 사실을 입증할 수 있다고 생각한 것 같습니다.

H건설은 Y건설이 2000년 7월 28일 자로 기노걸에게 보낸 최고서라는 의외의 복병을 만났습니다. 그러나 H건설은 A와 B를 증인으로 출석시켜 이들의 증언을 번복시키는 방법으로 의외의 복병을 단숨에 극복하고자 합니다. 참으로 가상한 노력이 아닐 수 없습니다.

그런데 여기에 또 다른 복병이 도사리고 있었습니다. 바로 이 사건 계약서 중간 부분에 볼펜으로 기재된 기노걸의 계좌번호입니다. 1997년 9월 24일 자로 예금계약이 해지된 계좌번호가 2000년 9월에 체결 계약서에 기재되었다는 것은 여간해서 선뜻 받아들이기가 어려워 보입니다.

그러면 이 사건의 쟁점은 무엇으로 요약될까요?

그렇습니다. 바로 H건설이 민사소송법 제359조 이외의 방법으로 주요 사실을 입증하고자 제출한 증거 방법의 신빙성의 문제, 즉 A와 B의 진술서 그리고 이들의 증언 내용은 과연 신빙성이 있는지의 문제로 귀결됩니다. 다시 말하면 두 사람의 진술과 증언 내용을 신뢰하여 이를 토대로 기노걸이 이 사건 계약서에 막도장을 날인하였다는 주장 사실을 진실로 인정한 다음 이를 바탕으로 판결을 선고하였다고 가정해 봅시다. 이렇게 판결을 선고하여도 그 판결 결과가 우리 사회의 일반 상식을 토대로 한 정의와 공정의 이념에 합당한지, 즉 '사회정의와 형평의 이념에 입각하여 논리와 경험법칙(민사소송법 제202조 후단)'에 합당한 것으로 볼 수 있는지에 대한 문제로 요약됩니다[쟁점2].

정리하면, A와 B 두 사람의 진술과 증언 내용이 신뢰할 수 있는지 여부에 따라서 당시 시가 50억 원 상당의 이 사건 토지의 운명이 좌우되는 것입니다. 만일 법관이 모든 자료를 종합하여 두 사람의 진술과 증언을 충분히 신뢰할 수 있다고 판단하면, 기을호는 시가 50억 원 부동산을 잔금 9억 8000만 원만 지급받고 H건설에게 넘겨주어야 합니다. 반면, 법관이 두 사람의 진술과 증언에 다소라도 의심스러운 점이 있다고 판단하면, H건설은 잔금 9억 8000만 원으로는 이 사건 부동산을 넘겨받을 수 없고, 기을호와 별도 계약을 통하여 매매대금을 협의하여야 할 것입니다.

제1장에서 'H건설과 기노걸 사이의 계약 체결 여부'를 [쟁점1]로 정리하였는데, 어느덧 쟁점은 'A와 B의 진술과 증언의 신빙성 여부', 즉 [쟁점2]로 재정리되고 있음을 알 수 있습니다.

여기서 문서의 진정성립과 자유심증주의의 관계에 대하여 좀 더 살펴보겠습니다. 앞서 민사소송법 제357조에서 사문서의 증거력을 규정한 것을 보았습니다. 법률이 직접 증명의 책임을 규정하고 있다는 점에서 이를 법관의 자유심증주의의 예외로 보는 견해도 있습니다. 즉, 사문서는 그것이 진정한 것임이 증명되어야만 문서 전체 내용의 진실성이 추정되어 이를 바탕으로 사실인정을 할 수 있습니다. 따라서 사례에서 H건설은 이 사건 계약서는 기노걸에 의하여 작성되었다는 사실을 증명하여야 합니다. 이는 법관의 자유심증주의를 제약한다고도 할 수 있습니다.

한편, 문서가 진정하게 작성된 것인지 여부는 문서에 날인된 당사자의 도장이 정상적으로 날인되었는지 여부 혹은 문서에 기재된 필체의 동일성 여부로 판정하는 경우가 대부분입니다. 민사소송법 제359조도 원칙상 '필적 또는 인영의 대조'를 통하여 문서의 진정성립 여부를 증명할 수 있다고 한 이유도 여기에 있습니다. 이 사건 계약서의 진정성립 여부도 기노걸이 이 사건 계약서에 도장을 직접 날인하였는지 여부에 따라 결정됩니다. 기노걸이 이 사건 계약서에 도장을 직접 날인한 사실이 인정되면 계약서의 진정성립이 인정되고, 그렇지 않으면 진정성립이 부정됩니다.

이 사건 계약서에는 기노걸의 한글 막도장이 날인되어 있지만, 기노걸이 그것을 직접 날인하였는지 여부는 알 수 없습니다. 통상 '없었던 사실 혹은 존재하지 않았던 사실'을 증명하는 것은 불가능하거나 매우 어렵습니다. 그것은 처음부터 없었던 사실이므로 이에 대한 증거는 있을 수 없기 때문입니다. 반면 '있었던 사실 혹은 존재했던 사실'은 비교적 쉽게 증명할 수 있습니다. 그에 관한 객관적인 증거가 남아 있기 때문입니다.

양 당사자가 어떠한 사실을 두고 한쪽은 "없었던 사실"이라고 주장하고 반대편은 "있었던 사실"이라고 주장할 경우, 증명의 대상은 "있었던 사실"이 되어야 합니다. 이는 객관적인 증거가 남아 있는 "있었던 사실"을 증명함으로써 "없었던 사실"에 대한 주장은 자연스레 깨지기 때문입니다.

본 사례에서 H건설은 기노걸이 이 사건 계약서에 도장을 날인한 사실을 주장합니다. 반면, 기을호는 그러한 사실은 존재하지 않는다고 주장합니다. 그렇다면 이 사건 도장 날인에 대한 증명 대상은 '기노걸이 도장을 날인했다는 사실'이 되어야 하고, 이는 H건설이 증명해야 합니다. H건설이 이를 증명하면 자연스레 기을호의 반박은 명분을 잃게 될 것입니다. 즉, 기을호에게는 기노걸이 이 사건 계약서에 날인하지 않은 사실을 증명하라고 해서는 안 됩니다. 그것은 없었던 사실이기에 증명이 불가능하기 때문입니다.

한편, 기노걸은 D건설과의 정식 계약서에는 한문 인감도장을 날인하였는데, 이 사건 계약서에는 한글 막도장이 날인되어 있었습니다. 이 사실은 일응 기노걸이 이 사건 계약서에 막도장을 날인한 사실을 간접적으로 부인할 수 있는 근거가 될 것입니다. 또한 계약서 중간에 기노걸이 1997년 9월 24일 자로 예금계약을 해지한 계좌번호가 기재되어 있었습니다. 이 사실도 기노걸이 2000년 9월경에 이 사건 계약서를 작성하였다는 A의 증언을 그대로 믿을 수 없다는 사실을 간접적으로 증명하는 강력한 증거가 될 것입니다.

그런데 여기에 법관의 자유심증주의가 개입하면 민사소송법 제357조에 규정된 사문서의 진정성립 증명 대상 자체가 애매하게 되어 버립니다. 기노걸이 이 사건 계약서에 막도장을 날인한 사실도 법관의 자유심증주의가 적용되는 '사실인정의 영역'이기 때문입니다. 사문서의 진정성립 여부는 반드시 증명되어야 합니다. 그런데 사문서의 진정성립의 핵심이 되는 도장(인영)의 직접 날인 여부에 대한 사실인정은 법관의 자유심증주의가 적용되는 영역이므로 반드시 증거가 필요하지 않습니다. 즉 법관은 변론 전체의 취지와 증거조사 결과를 참작하여 자유로이 주장 사실이 진실인지 여부를 판단할 수 있습니다.

다시 말하면, 법관은 사문서의 진정성립의 핵심 사실, 즉 해당 사문서의 도장 날인 사실에 대한 진실성을 자유롭게 판단할 수 있습니다. 대법원이 변론 전체의 취지만으로 사문서의 진정성립을 인정할 수 있다고 판시한 것도 이러한 관점에서 이해할 수 있습니다. 심지어는 변론 전체의 취지를 근거로 그때까지 제출된 증거조사 결과에 반대되는 사실도 자유롭게 인정할 수 있다는 것입니다. 결과적으로 자유심증주의의 예외라고도 불리는 사문서의 진정성립의 인정 여부는 오히려 법관의 자유심증주의가 가장 강력하게 적용되는 영역이 되어 버린 것입니다.

이를 좋게 보자면, 재판 과정에서 사문서의 진정성립은 매우 중요한 부분이므로, 이 부분에 대한 사실 판단을 법관의 합리적인 이성에 전적으로 맡김으로써 실체 진실을 밝혀 구체적인 정의를 실현하려는 민사소송법과 법원의 강력한 의지를 천명한 것으로도 볼 수 있을 것입니다. 이는 민사소송에서 법관에 대한 신뢰와 그 역할의 중요성에 대하여 새삼 겸허해지는 대목입니다.

반면, 재판과정에서 자주 문제시되는 매우 중요한 증명부분을 사실상 법관의 자의(恣意)에 맡겨버림으로써 민사소송법 제357조의 규정 취지가 몰각되고, 아울러 판결이 갖추어야 할 최소한의 객관성마저 무시될 수 있다는 비판도 가능합니다.

앞서 우리는 이 사건의 [쟁점1]은 'H건설과 기노걸 사이의 계약 체결 여부'였는데, 이는 곧 [쟁점2] 'A와 B의 진술과 증언의 신빙성 여부'로 재정리되었다고 하였습니다.

그런데 A와 B의 진술과 증언의 신빙성 여부는 곧 기노걸이 이 사건 계약서에 도장을 날인하였는지에 대한 사실인정의 문제로 귀결됩니다. 이는 법관이 변론 전체의 취지만으로도 해당 사실을 인정할 수 있는 자유심증의 영역입니다. 이러한 점에서 이 사건의 쟁점은 곧 '법관의 자유심증주의에 의한 사실 판단이 사회정의와 형평의 이념에 입각한 논리칙과 경험법칙'에 따랐는지 여부로 집중되고 있음을 알 수 있습니다[쟁점 3].

● 정리

- 쟁점1: H건설과 기노걸 사이의 이 사건 계약 체결 여부
- 쟁점2: A와 B의 진술과 증언의 신빙성 여부
- 쟁점3: 법관의 자유심증에 의한 사실 판단이 사회정의와 형평의 이념에 입각한 논리칙과 경험법칙에 따랐는지 여부

변호사 유머 6 - **비상사태**

여객기에 엔진 이상이 발생했다. 기장은 승무원들에게 지시하여 승객들을 자리에 앉히고 안전벨트를 착용시키게 했다. 몇 분 후

기장: "어이, 승객들은 모두 자리에 착석했나?"
승무원: "네. 다만 변호사 몇 명이 돌아다니면서 승객들에게 명함을 돌리고 있습니다."

제6장

정의란 무엇일까?

1. 법과 정의의 관계

여러분은 혹시 법과 정의의 관계에 대하여 생각해 본 적이 있나요? 정의(正義)라는 다소 철학적인 개념과 법(法)이라는 현실적인 용어에는 어떤 관계가 있을까요?

법(法)의 목적은 '정의(正義)'를 실현하는 것입니다. 즉, 정의는 법이 도달하려는 최고의 목표이자 이념입니다. 이처럼 법과 정의는 매우 밀접한 관계성이 있는 개념입니다. 일상생활에서 정의는 어떤 방식으로 실현되는 것일까요? 때로는 당사자 사이의 타협과 양보에 의해서도 실현될 것입니다. 그러나 타협과 양보가 불가능한 경우에는 결국 법원의 재판을 통하여 정의가 실현됩니다. 이처럼 정의란 살아 가는 과정에서 매 순간 쉽게 실현되는 경우도 있지만, 경우 에 따라서는 참으로 많은 시간과 우여곡절을 겪으면서 비 로소 찬란한 모습을 드러내는 경우도 있습니다.

법학에서 '정의'는 크게 두 가지 내용으로 구성됩니다. 바 로'법적 안정성'과 '구체적 타당성(합목적성)'이 그것입니다. 즉, 법적 안정성과 구체적 타당성이 최적으로 조합하는 지 점에 정의가 실현된다는 것입니다. 법적 안정성과 구체적 타당성이 가장 절묘하게 조화를 이루는 지점에서 '정의의 별'은 가장 아름답게 빛난다고 할 수도 있습니다.

1) 정의의 제1요소: 법적 안정성

법적 안정성이란 일반인이 법을 해석 또는 적용하는 데 일반성이 있고 안심할 수 있는 것을 말합니다. 이를 위해서 는 기본적으로 '법은 그 내용이 명확하게 규정되어야 하고, 어느 정도의 일관성을 갖추어야 하며, 실제 생활에서 시행 될 수 있어야 하며, 일반 사람들의 의식에 맞는 것'이어야 합니다. 즉, 일반인이 법을 신뢰함으로써 안정된 생활을 할 수 있는 일련의 작용을 '법적 안정성'이라고 할 수 있습니다. 이는 사회의 영속성과 지속성 측면에서 대단히 중요한 요소입니다.

법적 안정성은 법률 규정 자체에도 필요한 요소이지만, 나아가 구체적으로 법을 해석하고 적용하는 재판과정에서도 요구되는 요소입니다. 가령 명확하게 규정된 법률 규정을 재판과정에서 불명확하게 해석하여 적용하거나 전혀 다른 의미로 해석하여 적용한다면, 이는 정의에 기반한 판단이라고 할 수 없을 것입니다. 마찬가지로 판결 내용이 실제 생활에서는 전혀 실현될 수 없는 내용이라면, 이 또한 정의에 기반한 판결이라고 할 수 없을 것입니다.

일반적으로 사회를 지탱하는 대부분 제도와 절차는 법적 안정성을 위한 것들입니다. 성문법(成文法)에 기반한 각종 제도와 절차, 예컨대 재판제도와 판결(判決)에 이르는 사법절차 시스템도 일반인이 이를 신뢰하고 따르기만 하면 누구나 평등하고 공정한 권리를 누릴 수 있도록 마련한 법적 안정성을 위한 장치라고 할 수 있습니다.

2) 정의의 제2요소: 구체적 타당성

구체적 타당성이란 사안의 최종적 해결 내용이 정의의 목적에 가장 합치되는 것을 말합니다. 예컨대 다소 추상적이기는 하지만 '각자에게 그의 몫을 주라'는 명제도 구체적 타당성과 관련한 정의의 중요한 내용입니다. 대다수 법률 규정 및 해당 법률에 대한 해석과 적용은 '각자에게 합당한 그의 몫'을 정하는 것을 목표로 합니다. 또한 모든 재판 작용은 '각자에게 합당한 그의 몫을 분배하는 구체적인 절차'라고 할 수 있습니다. 즉, 구체적 타당성이란 문제가 된 사안을 가장 적절하게 해결해 내는 답을 의미하는데, 이를 '합목적성(合目的性)'혹은 '좁은 의미의 정의'라고도 합니다.

외관상 정의의 제1요소인 법적 안정성이 구비되어도 그 내용에서 구체적 타당성을 갖추지 못하였다면, 그리고 그러한 상태가 사회 전반에 강제로 통용된다면 그 사회는 큰 혼란을 겪거나 사회적 가치가 왜곡될 것입니다. 이는 법의 궁극적 목적인 '정의'를 제대로 실현하지 못하는 상태일 개연성이 매우 높음을 보여줍니다.

예컨대 건물의 임대인이 임차인을 상대로 임대차 기간의

종료 등 법문의 규정을 이유로 계약을 해지하면서 건물 인도 및 퇴거 소송을 제기하였다고 가정해 봅시다. 이 경우 법원이 막연하게 임차인을 '착한 약자'로, 임대인을 '악한 강자'로 몰아붙이면서 덮어놓고 임차인에게 유리하게 판단하면서 임대인의 청구를 기각해 버린다면 어떻게 될까요(물론 그 반대의 경우도 마찬가지입니다)?

이러한 판단도 적법한 사법절차에 의한 판결이라는 외관은 갖추었으므로 정의의 제1요소인 법적 안정성 요건을 갖추었다고 할 수 있습니다. 그럼에도 그 구체적인 내용에서는 객관적 사실을 도외시하고 지나치게 심판자(법관)의 주관이 개입된 것이라면, 그리고 이러한 판단이 판결이라는 권위의 옷을 입고서 강제로 통용된다면, 이는 정의의 제2요소인 '구체적 타당성'을 갖추지 못하여 정의로운 판결이라고 할 수 없을 것입니다.

만일 위와 같은 판결이 사회에서 빈번하게 일어난다면 어떤 일이 발생할까요? 일반 건물 임대인들은 법원 판결이 지나치게 편파적이라는 사실을 서서히 자각하면서 재판 자체를 불신하게 될 것입니다. 더 나아가 임대인들은 자신의 건물을 돌려받지 못할 것에 대비하여 오히려 임차인에게 더 가혹한 조건이나 법적 장치를 요구하거나(예컨대 분쟁 발생 시 법원이 아닌 대한상사중재원 심판 결정으로 갈음한다는 약정을 두거나, 제소전화해(提訴前和解) 조건을 요구할 수도 있습니다), 아예 건물 임대 자체를 꺼리게 될 것입니다. 이러한 여파는 법원의 판결을 비롯한 사회 전반에 대한 불신으로 비화될 것이며, 불필요한 사회 혼란과 갈등으로 사회적 비용이 증가하면서 사회적 가치 자체가 왜곡되는 현상을 초래하게 될 것입니다.

위 사례에서 법원은 임대인의 사정과 임차인의 사정을 차분하게 경청한 뒤 이를 종합적으로 살펴 양측 모두가 만족할 수 있는 가장 적합한 해결책을 마련하고 이에 기반한 판결을 내릴 수 있습니다. 이는 법적 안정성과 구체적 타당성을 두루 갖춘 정의로운 판결이 될 것이며, 사회적 가치의 혼란이나 왜곡 현상은 나타나지 않게 될 것입니다.

3) 법적 안정성과 구체적 타당성의 관계

법적 안정성이 사회 전체의 맥락에서 '옳음'을 추구하는 것이라면, 구체적 타당성은 개별 사안에 대한 '옳음'을 추구하는 것이라 할 수 있습니다. 위 두 가지 요소는 서로 조화하면서 정의의 꽃을 피우기도 하지만, 때로는 두 요소가 서로 충돌하거나 대립하기도 합니다.

예컨대, 주택임대차 관계에서 무주택자인 어떠한 '70대 노인'이 임차주택에 실제로 거주하고 있었지만, 어떠한 사유로 임대차 계약서에는 유주택자인 그의 딸 명의로 되어 있는 경우, 임대인(대한주택공사)은 임차인이 무주택자인 경우에만 해당 주택을 분양해 주기로 하였다고 가정해 봅시다. 위 사안에서 '70대 노인'은 계약서상 임차인 명의가 그의 딸로 되어 있음에도 불구하고 실제로는 자신이 임차인이라고 주장하면서 임차 주택을 분양받으려고 한다면 어떻게 해야 할까요? 또한 70대 노인은 해당 임차 주택을 분양받지 못하면 마땅히 거주할 곳을 찾을 수 없다는 개인 사정을 호소하며 꼭 임차 주택을 분양받아야 한다고 호소한다면 어떻게 해야 할까요?

구체적 타당성을 강조하자면 "70대 노인"은 임차 주택에 실제로 장기간 거주하였고, 여기에 해당 임차 주택이 아니면 마땅히 갈 곳이 없다는 사정까지 고려한다면 수분양자의 자격을 주어야 할 것으로 보입니다. 그러나 법적 안정성 측면에서는 해당 주택의 임차인 명의는 어디까지나 그의 딸로 되어 있으므로, 임대인으로서는 '70대 노인'에게 해당 주택을 분양해 주는 데 주저할 것입니다. 이러한 경우에도 분양을 허용하게 되면 향후 전국의 다른 임차인들도 실질적 임차인이라는 이유를 내세우면서 임차 주택에 대한 분양 신청이 쏟아질 것입니다. 이는 결국 해당 임차 주택 분양 관련 행정에 큰 혼란을 초래할 수 있습니다.

이와 같이 법적 안정성과 구체적 타당성이 도저히 양립할 수 없는 상황이 발생한다면 어떤 요소에 더 중심을 두어야 할까요? 일반적으로 법적 안정성에 더 우선순위를 두어야 한다는 것이 대세인 것 같습니다. 구체적 타당성은 그것이 매우 긴급하고 중요한 것이 아니라면 향후 다른 절차나 구제 수단을 통해서도 달성할 수 있지만, 법적 안정성은 한번 훼손되면 사회 시스템 전반이 무너지면서 대혼란을 일으킬 수 있기 때문입니다.

사법절차에 대한 예를 한 가지 들어 보겠습니다.

예컨대 '놀부'가 '흥부' 명의로 된 토지에 대하여 사실은 그것이 '놀부'의 것이라고 하면서 토지 소유권이전등기 청구 소송을 제기하였다고 가정합시다. 위 소송 과정에서 놀부는 '제비'를 증인으로 불러 증언하게 하였는데, 제비는 놀부에게 유리한 증언을 하였습니다. 그 결과, 놀부는 제1, 2, 3심 모두 승소한 후 흥부 명의로 된 토지를 자신의 명의로 이전까지 마쳤습니다. 그런데 나중에서야 '제비'는 놀부의 부탁으로 거짓 증언을 한 사실이 발각되었다면, 이미 놀부의 명의로 이전된 토지의 소유권은 어떻게 될까요?

구체적 타당성만을 강조하면 '놀부'에게 이전된 토지 소유권은 거짓에 기초한 것으로 무효이므로 곧바로 말소되어야 할 것입니다. 그러나 법적 안정성 측면에서는 허위가 개입되기는 하였지만 정식 재판 절차를 거쳐서 소유권이전등기가 이루어졌습니다. 따라서 다른 정식 절차(재심 등)를 통하여 기존의 흠결이 있는 확정판결이 취소되기 전까지는 놀부 명의로 된 소유권이전등기는 여전히 유효하며, 흥부는 해당 토지의 소유권을 이전받을 수 없게 될 것입니다.

우리는 앞서 재판제도 등의 절차도 법적 안정성을 위해 법이 마련한 제도적 장치라고 하였습니다. 위 사례에서 정의의 제2요소인 구체적 타당성은 정의의 제1요소인 법적 안정성을 위하여 어느 정도의 시간·절차·노력을 양보해야 하는 관계에 있다는 것을 이해할 수 있을 것입니다.

이렇듯 정의는 때때로 수많은 절차적 과정과 시간적 노력, 그리고 관련자들의 수고와 열정을 불태우고서야 비로소 최종적으로 실현되는 경우가 종종 있습니다. 마치 긴 세월의 풍파를 통하여 원석이 형성되고, 또다시 기나긴 시간을 견디는 가운데 사람들에게 발견되고, 이후 전문 세공업자의 정성스러운 손을 거친 후에 비로소 가장 빛나는 보석이 만들어지는 과정과도 유사하다고 할 것입니다.

일부 사람들은 위와 같은 정의의 속성에 분통을 터트리기도 합니다. 왜 정의를 실현하는 과정이 이렇듯 어렵고 복잡하냐고 불만을 토하는 것입니다. 심지어 그러한 정의가 왜 필요하냐고 낙담하면서 '지연된 정의는 정의가 아니다.'라고도 합니다.

경험적으로 볼 때, 우리 사법 현실에도 구체적 타당성에서 벗어난 판결, 즉 당사자는 물론 객관적인 제3자 입장에서도 도저히 수긍하기 어려운 판결들이 꽤 있습니다. 또한 구체적 타당성을 심각하게 벗어난 판결도 강제력을 발휘한다는 사실을 받아들이기 힘들어하는 분들의 심정을 이해하지 못할 바는 아닙니다. 이러한 종류의 판결이 쌓이게 되면 법원과 판결에 대한 국민의 신뢰는 하염없이 추락하게 될 것입니다. 법원 및 판결에 대한 신뢰 상실은 곧 사회 근간의 신뢰 추락으로 이어지고, 사회구성원들 사이에 끊임없는 갈등을 야기하고 비화할 수도 있을 것입니다.

재판과정에서 구체적 타당성을 발견해 내는 일은 법률 전문가들이 직면한 가장 기본적인 사명이자 책무입니다. 따라서 법률 전문가(판사, 검사, 변호사 등)들은 사법 시스템에서 생산되는 수많은 판결이 구체적 타당성에 최대한 근접할 수 있도록 온 힘을 기울여야 합니다. 법률가들이 눈앞의 승패에 너무 연연하여 사실을 왜곡하는 데 앞장서면서도 아무런 부끄러움을 느끼지 못한다거나, 더 나아가 이러한 추세가 사회의 대세로 굳어져 버린다면, 사회는 너무도 위험한 항해를 하게 된다는 것을 심각하게 직시하여야 합니다. 저자는 변호사로서, 사법 불신에 대한 엄중한 책임은 오롯이 법률가들에게 있다는 점을 무겁게 받아들입니다.

2. 정의 담론의 4가지 요소

우리는 좁은 의미의 정의(구체적 타당성)는 '각자에게 그의 몫을 주는 것'이라는 추상적 내용을 보았고, 이는 각자에게 마땅히 분배되어야 할 몫을 **올바르게** 배분하라는 의미라는 것도 알았습니다.

다만, 현대 생활에서 현실적으로 정의를 논하는 데 각자에게 그의 몫을 단순히 '주는 것'에 한정되어서는 안 될 것입니다. 이는 우리가 원시사회 무소유 상태에서 각자의 몫을 분배받는 것이 아니라, 이미 문명화된 사회에서 다양한 형태로 각종 재화를 소유하고 또한 여러 권리를 향유하면서 생활하고 있기 때문입니다. 따라서 정의의 개념을 논하는 데 이러한 현실을 고려하여야 합니다.

이렇게 볼 때, '각자에게 그의 몫을 주라'는 개념은 『각자에게 그의 것을 주거나, 각자가 합당한 몫을 가지고 있는 상태를 보존·회복하게 하는 행위·규범·절차 및 사회 질서를 보장하는 것』으로 구체화할 수 있을 것입니다. 이러한 현실적인 상황에서 정의 구현에 다음과 같은 4가지 측면에 주목할 필요가 있습니다.

첫째, '무엇을 분배할 것인가?'라는 분배 대상의 문제입니다. 여기에는 물질적이고 유형적인 재화는 물론이고 비물질적인 권리나 명예, 칭찬과 비난 또는 처벌도 포함될 것입니다.

둘째, '누구에게 분배할 것인가?'라는 분배 대상자의 문제입니다. 이는 분배의 당사자적격의 문제라 할 것입니다. 대부분 재화와 권리는 한정되어 있으므로 이를 모든 사람에게 분배할 수는 없습니다.

셋째, '어떤 기준에 따라 분배할 것인가?'라는 분배 기준의 문제입니다. 일반적으로 분배의 몫을 정하는 기준으로 각자의 필요, 노력, 업적, 선택과 교환, 계약 등이 제시될 수 있고, 이를 구체화한 각종 규범도 그 기준이 될 것입니다.

넷째, '누가 분배 기준 요소를 판단할 것인가?'라는 판단 주체의 문제입니다. 이는 판단 권한의 문제이기도 합니다. 사안에 따라서 국가, 행정부, 국회, 사법부, 대기업, 언론기관, 시민 등이 판단 주체가 될 수 있을 것입니다. 다만, 여기에는 권한의 남용을 적절히 견제하고 감시할 장치가 함께 고찰되어야 할 것입니다.

3. 심판 주체로서의 법원, 법관

인간 사회는 끊임없는 크고 작은 분쟁들이 늘 존재합니다. 이러한 분쟁은 때로는 당사자 사이의 타협과 양보로 해결되면서 일응의 정의가 실현되기도 하지만, 더욱 전문적이고 정의로운 해결의 모색은 중립적인 법원을 통하여 이루어지는 경우가 대부분입니다. 즉, 대한민국 헌법은 일상생활에서 발생한 각종 분재의 해결은 법관이 속한 법원(法院)이 담당하도록 하고 있습니다(제101조)**. 또한 법원이 공정하고 정의로운 판단을 소신껏 할 수 있는 환경을 실질적으로 뒷받침하고자 법원에 소속된 법관의 재판독립과 철저한 신분보장을 헌법에 명문화하였습니다(제103조, 106조)***. 다른 한편으로는 법관의 공정한 재판을 다른 측면에서 견제하고 담보하고자 원칙상 모든 재판 과정(심리)과 판결 결

** 　대한민국 헌법 제101조
　　① 사법권은 법관으로 구성된 법원에 속한다.
　　② 법원은 최고 법원인 대법원과 각급 법원으로 조직된다.
　　③ 법관의 자격을 법률로 정한다.

*** 　대한민국 헌법
　　제103조 법관은 헌법과 법률에 의하여 그 양심에 따라 독립하여 심판한다.
　　제106조 ①법관은 탄핵 또는 금고 이상의 형의 선고에 의하지 아니하고는 파면되지 아니하며, 징계처분에 의하지 아니하고는 정직·감봉 기타 불리한 처분을 받지 아니한다.

과는 공개하도록 하였습니다(109조)[**].

　대한민국 헌법은 왜 법원과 법관에게 모든 분쟁을 최종적으로 심판할 권한을 부여한 것일까요? 그것은 중립적이면서도 독립된 심판권과 철저한 신분이 보장된 법관에게 재판을 맡기면, 국민의 기본권을 가장 공정하고 신속한 판단으로 효율적으로 해결하여 사회의 정의가 가장 잘 실현될 것이라는 신뢰가 밑바탕을 이루고 있기 때문입니다.

　이는 앞서 본 정의 담론의 4가지 요소 중 분배 주체(권한)의 문제인 동시에 우리 헌법이 채택하고 있는 삼권분립(행정권, 입법권, 사법권)의 문제이기도 합니다. 다시 말하면, 대한민국 헌법은 국가 권력을 행정권, 입법권, 사법권으로 분리한 다음, 심판 및 사법에 관한 권한은 재판독립과 신분보장을 받는 법관이 속한 법원에 맡긴 것입니다. 즉, 법관의 인격(人格)과 양식(良識)을 전적으로 신뢰하여 국민의 자유·신체·재산 등 기본권 보장이라는 최후의 보루(寶樓) 역할을 법관에 부여한 것입니다.

[**]　대한민국 헌법
　　제109조 재판의 심리와 판결은 공개한다. 다만, 심리는 국가의 안정보장 또는 안녕질서를 방해하거나 선량한 풍속을 해할 염려가 있을 때에는 법원의 결정으로 공개하지 아니할 수 있다.

법관의 재판독립 보장 없이는 심판자로서의 재판 업무의 수행은 불가능하며, 법관에 대한 철저한 신분보장 없이는 공정한 재판에 대한 기대는 불가능합니다. 즉, 법관의 재판독립과 신분보장은 공정한 심판을 위한 최소한의 필요조건입니다. 이에 대한민국 헌법은 법관의 재판독립과 신분보장을 직접 규정한 것입니다.

그런데 의문도 있습니다.

법관의 재판독립과 철저한 신분보장이 곧 모든 법관이 언제나 정의롭고 공정하게 판단한다는 점을 담보하는 것일까요? 다른 측면에서 질문하면, 법원이 행한 일련의 판결에는 실수나 오류는 전혀 없는 것일까요?

이것은 매우 어려운 문제입니다. 어쩌면 대한민국 헌법이 사법부를 기본권(인권) 보장의 최후의 보루로 자리매김한 결단 자체가 과연 이성적(理性的)인 판단에 의한 것인지를 묻는 질문일 수 있습니다. 다른 측면에서는 법관에 대한 과보호가 오히려 심판권(재판권)의 남용을 부추겨 공정하고 정의로운 판결을 방해할 가능성에 대한 물음일 수도 있습니다.

결론적으로 사법권을 법원에 속하게 하고, 법원에 속한 법관에게 심판권을 부여한 헌법의 결단은 인류가 경험한 유구한 역사적 배경을 토대로 한 이성적 고려에 의한 것이라고 할 수 있습니다. 물론 인간이 만든 대부분 제도는 다소간 흠결과 부작용이 존재하기 마련입니다. 인류는 오랜 경험을 통하여 그 흠결과 불완전함을 보완하면서 계속 성장해 왔으며, 앞으로도 그럴 것입니다.

우리는 좀 더 완벽하고 안정적으로 정의를 담보할 수 있는 제도적 장치를 원하겠지만, 근원적인 문제에 대한 반성은 늘 적지 않은 시간과 비용을 요구할 것입니다. 앞서 보았듯이 법관의 재판독립과 신분보장은 공정한 사법 시스템을 위한 최소한의 필요조건일 뿐 충분조건이라고는 할 수 없습니다. 결국 현실을 살아가고 있는 우리는 실천 가능한 범위에서 결단하고 생활할 수밖에 없습니다. 미흡한 부분과 이에 대한 문제는 구성원들의 양심과 열정으로 채워져야 할 것입니다. 이를 위하여 공동체 모두가 열린 마음으로 서로 협력하고 소통하면서 현실에서 일어나는 일련의 사태들이 정의의 큰 테두리를 벗어나지 않도록 상호 견제의 끈을 멈추지 말아야 할 것입니다.

특히 법원의 판결 등 사법절차는 판·검사와 변호사 등 법률 전문가들의 고도의 전문 지식을 바탕으로 형성됩니다. 이러한 전문 분야에서 도출되는 결과물에는 반드시 그에 합당한 권위와 신뢰가 주어져야 합니다. 이를 위해서는 해당 분야 전문직 종사자들이 높은 수준의 직업윤리 의식을 바탕으로 자정 노력을 반드시 선행하여야 할 것입니다.

이러한 노력이 사회에 제대로 정착되고 열매를 맺을 때 법원과 법관, 사법 시스템과 판결에 대한 국민의 지지와 신뢰는 더 단단해질 것입니다. 어쩌면 법원과 사법 시스템에 대한 신뢰의 척도는 그 사회 법률 전문가들의 수준을 의미한다고 할 수도 있습니다.

4. 법과 정의의 한계와 도전

19세기 법실증주의가 대두되면서 법학은 비약적으로 발전합니다. 규범은 나날이 전문화, 세분화되면서 사람들의 일상생활 속 깊숙한 부분까지 관여하였고, 법규의 발달은 적은 비용으로 효율적으로 사회를 규율해 나가는 유용한 도구로 활용되었습니다. 이에 실정법(실증법) 만능주의를 주장하는 이들도 있었습니다.

다른 한편, 실정법 만능에 따른 법의 전문화와 기술화는 그 자체가 법과 정의에 대한 커다란 위협이 될 수 있다는 인식이 자리 잡기도 하였습니다. 실정법에 치중한 현실에서 법학 교육은 단순한 '법률 상인'혹은 '법률 기술자'를 양산한다는 우려도 제기되었습니다. 일상이 온통 수많은 법률·판결·행정처분 그리고 계약들로 채워져 가는데도 인간의 존엄과 삶의 규범적 수준은 갈수록 피폐하고 왜소해진다는 비판도 있습니다. 법규상의 자유와 평등은 어느 때보다 강조되고 있지만, 현실은 오히려 법의 이름으로 행해지는 자유에 대한 구속과 불평등, 강압이 고착화되고 합리화되기도 합니다. 숨가쁜 현실에서 법에 몰두하다 보면 자신도 모르는 사이에 정의의 실현보다는 오히려 부정의와 억압의 구조에 일조하는 경우를 발견하면서 놀라기도 합니다.

사람들은 서서히 실정법 규범의 이면에 놓여 있는 함정에 눈을 돌리면서 이를 경계하기 시작합니다. 인류는 이상론에 치우친 법규범학과 인간의 욕망이 결합하면서 나타나는 심각한 부작용과 역기능을 경험하였고, 어떻게 하면 이를 최소화하여 실생활에서 참된 정의를 실현할 수 있을지를 고민하기 시작합니다. 이하에서는 이러한 문제의식을 바탕으로 한 담론으로서 '라드부르흐(Radbruch)의 공식'과 '롤스의 정의론'을 간략히 소개합니다.

1) 라드부르흐 공식

개념법학의 산실이라고 할 수 있는 독일은 20세기 나치 시대의 불법 체제를 고통스럽게 경험하면서 이에 대한 반성에 눈을 뜨게 됩니다. 이때 법철학자 라드부르흐는 '실정법의 외양을 띤 불법과 실정법을 넘어서는 법'(1946)이라는 논문에서 이른바 '불법 판단 공식'(일명 라드부르흐 공식)을 제시하는데, 그 내용은 다음과 같습니다.

① 절차에 맞게 제정되었고 강제력에 의해 보장되는 실정법은 설령 그 내용이 정의롭지 못하고 그 목적이 부당하더라도 일단 정의의 우선권을 갖는다.
② 실정법이 참을 수 없을 정도로 정의 원리를 위반하기에 이르렀다면, 부정의한 법률에 의해서 보장될 법적 안정성은 정의보다 하위의 가치를 가지게 된다.

                                     -**참을 수 없음**' 기준
③ 어떤 법률이 정의의 핵심을 의도적으로 부정하고 있는

경우 그 법률은 단순히 악법에 그치지 않고 애초부터 법으로서의 자격을 상실한다.

-**'의도적 부정'** 기준

라드부르흐 공식은 다음과 같은 기준을 제기한 것으로 풀이됩니다.

첫째, 실정법이 정의의 본질적 요청인 '같은 것은 같게 대우하라'는 평등원리를 처음부터 의도적으로 묵살한 경우, 그 실정법은 단순히 부정의한 법률이 아니라 아예 법이 아닙니다.

둘째, 인간을 인간 이하로 취급하고 기본적 인권을 부정하는 실정법도 법으로서의 자격을 상실한다.

셋째, 범죄의 경중을 고려하지 않은 채 단지 순간적인 위험을 제거할 목적으로, 상이한 등급의 위법행위에 대하여 사형과 같은 극형을 동일하게 부과하는 형법 규정도 법으로서의 자격을 가지지 못한다.

라드부르흐는 위와 같은 실정법들은 법률의 외관을 띠고

는 있으나 실은 법이 아닌 '법률적 불법', 즉 '법률의 탈을 쓴 불법'이라고 설파합니다.

2) 롤스의 정의론

자유 지상주의의 정의론이 안고 있는 문제점들을 직시한 존 롤스(John Rawls, 1922~2002)는 그의 저서 정의론(A Theory of Justice, 1971)에서 다음과 같은 내용의 '평등 원리'와 '정당한 불평등분배 원리'를 정의의 기준으로 제시합니다.

– 평등 원리(정의의 제1원칙)
① 평등한 자유 원리: 기본권과 기본적인 자유는 가능한 적절한 방식으로 평등하게 분배되어야 한다.
② 실질적 평등 원리: 정치적 권리는 모든 시민이 실질적으로 평등하게 행사할 수 있도록 보장되어야 한다.

– 정당한 불평등의 원리(정의의 제2원칙)
③ 공정한 기회균등 원리: 공정한 기회균등의 조건이 충족되어 있어서 사회적 배경이 각자의 능력과 노력의 차이에 영향력을 행사할 수 없다면, 각자의 능력과 업적에 따라서 분배되어야 한다.

④ 차등 원리: 시행된 사회경제적 재화의 불평등한 분배는 평등하게 분배되었을 때보다 전체 사회에 이익이 되며, 사회의 최소수혜자들의 이익 개선에 가장 효과적으로 기여할 수 있게끔 조정되어야 한다.

특히 롤스는 사회적 배경과 무관하게 공정한 기회균등이 주어진다는 조건하에서 각자의 능력과 업적에 따른 분배를 정의의 범주에 넣었습니다. 다른 한편으로 그는 차등적 불평등은 전체 사회의 이익이 되어야 하는 동시에 그러한 차등적 분배는 그 사회의 최소수혜자들의 이익의 개선에 효과적으로 기여할 수 있도록 사회경제적 불평등 상황이 교정되어야만 정의에 부합한다는 점을 강조하였습니다. 이러한 그의 사상은 평등 지향적 자유주의적 정의론의 초석을 마련한 것으로 평가되고 있습니다.

※ 더욱 자세한 내용은 방송통신대학교 교재 법철학(이상영, 김도균 공저) 해당 부분을 참조해 주기 바랍니다.

• 정리

정의의 2가지 요소: 법적 안정성과 구체적 타당성

법과 정의의 한계에 대한 2가지 담론: 라드부르흐 공식

롤스의 정의론

변호사 유머7 - **테러리스트와 변호사]**

Q: 테러리스트와 변호사의 차이점은 무엇인가?

A: 테러리스트에게는 지지자들이 있다.

제7장

황금 들녘 판결

『가을 들녘에는 황금물결이 일고, 집집마다 감나무엔 빨간 감이 익어간다. 가을걷이에 나선 농부의 입가엔 노랫가락이 흘러나오고, 바라보는 아낙의 얼굴엔 웃음꽃이 폈다. 홀로 사는 칠십 노인을 집에서 쫓아내 달라고 요구하는 원고의 소장에는 찬바람이 일고, 엄동설한에 길가에 나앉을 노인을 상상하는 이들의 눈가엔 물기가 맺힌다.

우리 모두는 차가운 머리만을 가진 사회보다 차가운 머리와 따뜻한 가슴을 함께 가진 사회에서 살기 원하기 때문에 법의 해석과 집행도 차가운 머리만이 아니라 따뜻한 가슴도 함께 갖고 하여야 한다고 믿는다. 이 사건에서 따뜻한 가슴만이 피고들의 편에 서 있는 것이 아니라 차가운 머리도 그들의 편에 서 있다는 것이 우리의 견해이다.』

[대전고등법원 2006. 11. 1. 선고 2006나1846판결 이유 중에서......]

이른바 "황금 들녘 판결"이라고 일컫는 대전고등법원 2006나1846호 판결의 사연은 다음과 같습니다.

어떤 칠순 노인이 대한주택공사로부터 임차한 아파트에서 홀로 거주하고 있었습니다. 그러던 중 임대인인 대한주택공사는 임대 의무 기간이 지난 아파트에 대하여는 거주 임차인이 무주택자인 경우 해당 아파트를 분양 전환해 주기로 결정합니다. 이에 칠순 노인은 대한주택공사에 해당 아파트를 자신에게 분양해 줄 것을 요청합니다.

그런데 문제가 발생하였습니다. 노인이 살고 있는 아파트의 임차계약서에는 다른 곳에 거주하는 노인의 딸이 명의자로 되어 있었기 때문입니다. 임차 아파트를 분양받으려면 임차인이 무주택자이어야 합니다. 실제 아파트에 거주하고 노인은 무주택자이기는 하지만 임차계약서상 임차인은 아니었고, 노인의 딸은 임차계약서상 임차인이기는 하지만 딸 부부에게는 다른 주택이 있었습니다.

이에 대한주택공사는 노인의 요청을 거절하고 오히려 딸과 노인을 공동 피고로 하여 딸은 해당 아파트를 반환하고, 노인은 해당 아파트에서 퇴거를 요구하는 소송을 제기합니다. 제1심 법원은 간단하게 임대차 계약서상의 딸은 유주택자라는 이유로, 노인은 임대차 계약서상의 임차인이 아니라는 이유로, 딸은 해당 아파트를 대한주택공사에 인도하여 주고, 노인은 해당 아파트에서 퇴거할 것을 명하는 판결을 선고합니다.

노인과 딸은 항소하였습니다.

항소심은 위 아파트의 임차인이 딸 명의로 할 수밖에 없었던 구구절절한 사연에 귀를 기울였던 것 같습니다. 즉, 사실은 노인의 돈으로 아파트를 임차하고 실제로 노인이 거주하여 온 것인데, 그 과정에서 사소한 실수로 임차계약서에는 노인의 딸을 임차인으로 기재하였을 뿐이므로, 실질적인 임차인은 노인이라는 취지의 주장이 있었을 것입니다. 딸도 어렵게 가정을 꾸려가고 있어서 아버지인 70대 노인을 집으로 모실 만한 형편이 되지 못하였고, 70대 노인이 임차아파트를 분양받지 못하면 길거리에 나앉을 수도 있는 등 어려운 사연에도 귀를 기울였을 것입니다.

항소심 법원은 노인과 딸의 주장 사실을 모두 사실로 받아들여 임차계약서상의 명의에도 불구하고 실질적 임차인은 노인이라는 사실을 인정하였습니다. 이어 임대주택법

자유심증주의

제15조 제1항에 규정되어 있는 '임차인'의 개념을 '실질적 임차인'을 포함하는 것으로 넓게 해석하면서, 『~ 따뜻한 가슴만이 피고들의 편에 서 있는 것이 아니라 차가운 머리도 그들의 편에 서 있다는 것이 우리의 견해이다.』라는 판시와 함께 노인과 딸의 항소를 인용하고 대한주택공사의 청구를 기각합니다. 이른바 '황금 들녘 판결'이라는 아름다운 서사는 이렇게 탄생하였습니다.

아마도 담당 재판부로서는 칠순 노인이 해당 아파트를 분양받지 못하게 되면 오갈 데가 없어 할 수 없이 양로원에 보내어지거나, 효심 깊은 딸이 시댁과 남편의 눈치를 살피며 연로한 아버지를 골방에라도 모셔야 하는 사연을 안타깝게 여겼을 것으로 보입니다.

『우리 모두는 차가운 머리만을 가진 사회보다 차가운 머리와 따뜻한 가슴을 함께 가진 사회에서 살기 원하기 때문에~』라는 판시에서 법관으로서의 고민과 아름다운 마음 씀씀이가 고스란히 드러나 보입니다. 차갑고 딱딱한 것으로 생각했던 판결서 이유가 한편의 세레나데보다 더 아름다운 선율을 그리면서 읽는 이들의 눈시울을 촉촉하게 적시기도 합니다.**

　아마도 담당 재판부는 차가운 판결로서는 달성할 수 없는 따뜻한 정의의 온기가 서민들이 살아가고 있는 현실 구석 구석까지 스며들면서 함께 살아가는 사랑의 꽃으로 피어나기를 염원하였을 것입니다.

　그러나 대한주택공사는 위 항소심 판결에 불복하여 대법원에 상고장을 제출합니다. 대법원은 이에 대하여 어떻게 판결하였을까요?

> 　[1] 법은 원칙적으로 불특정 다수인에 대하여 동일한 구속력을 갖는 사회의 보편타당한 규범이므로 이를 해석함에 있어서는 법의 표준적 의미를 밝혀 객관적 타당성이 있도록 하여야 하고, 가급적 모든 사람이 수긍할 수 있는 일관성을 유지함으로써 법적 안정성이 손상되지 않도록 하여야 한다. 그리고 실정법이란 보편적이고 전형적인 사안을 염두에 두고 규정되기 마련이므로 사회 현실에서 일어나는 다양한 사안에서 그 법을 적용함에 있어서는 구체적 사안에 맞는 가장 타당한 해결이 될 수 있도록, 즉 구체적 타당성을 가지도록 해석할 것

**　　대전일보 2009. 11. 03. 자 법적 안정성과 구체적 타당성(이성기 판사), 법률저널 2023. 03. 10.자 손호영 판사의 판례공부 110-판사의 문장론 각 참조.

도 요구된다. 요컨대, 법해석의 목표는 어디까지나 법적 안정성을 저해하지 않는 범위 내에서 구체적 타당성을 찾는 데 두어야 한다.

　[2] 구 임대주택법 제15조 제1항에서 규정하는 '임차인'이란 어디까지나 그 법률이 정한 요건과 절차에 따라 임대주택에 관하여 임대사업자와 임대차계약을 체결한 당사자 본인으로서의 임차인을 의미하고, 이와 달리 당사자 일방의 계약 목적, 경제적 부담이나 실제 거주 사실 등을 고려한 '실질적 의미의 임차인'까지 포함한다고 변경, 확장 해석하는 것은 법률 해석의 원칙과 기준에 어긋나는 것으로서 받아들일 수 없다.

（대법원 2009. 4. 23. 선고 2006다81035 판결 ）

　결국 대법원은 항소심 판결을 파기하고 사건을 대전고등법원으로 돌려보냅니다. 대법원 판시 이유를 살펴보면 다음과 같습니다. 항소심 판결은 구체적 사안에 맞는 가장 타당한 해결이 될 수 있는 법 해석이라고도 볼 수 있지만, 그럼에도 법적 안정성에 좀 더 무게를 두면서 임대주택법 제15조 제1항에서 규정하는 '임차인'의 표준적 의미를 '실질적 의미의 임차인'으로까지 확장할 수는 없다는 입장입니다. 즉, 대법원은 항소심 법원의 사실인정을 문제 삼은 것이 아니라 법률 규정의 해석 문제를 이유로 파기 환송한 것입니다.

그렇다면, 결국 오갈 데 없는 노인은 해당 주택에서 곧바로 쫓겨난 것일까요? 이에 대한 구체적 내용과 사연은 잘 알지 못합니다. 다만 기록상으로 보면, 대한주택공사는 2005년 8월에 노인과 딸을 상대로 소송을 제기하였고, 항소심과 대법원 파기환송을 거치면서 사건은 다시 항소심으로 이어졌고, 최종적으로 2009년 8월 13일 강제조정으로 종결된 것으로 나타나 있습니다.

대한주택공사가 노인에게 퇴거를 통보한 것은 2005년 8월 이전으로 보입니다. 노인은 소송이 최종적으로 종결된 2009년 8월까지 약 4년 이상 해당 임차 아파트에 거주하였을 가능성이 높습니다. 그렇다면 이른바 황금 들녘 판결이 추구하는 따뜻한 정의도 어느 정도는 실현된 것이 아닐까 생각해 봅니다. 어쩌면 정의란 순간적으로 실현되는 것이 아니라, 고독한 결단의 여정과 여하한 시간의 배려를 통하여 실현될 수도 있을 것이란 생각은 저자 혼자의 감상만은 아닐 것입니다.

찬사와 비판이 동시에 존재하는 이른바 '황금 들녘 판결'을 보면서, 새삼 법관의 재판독립과 신분보장, 그리고 민사소송 제202조에서 규정한 자유심증주의 역할의 중요성을 되새기게 합니다. 즉, 재판을 담당한 법관으로서 해당 사안의 적절한 해결과 구체적 정의를 탐구하기 위한 끊임없는 노력과 고민, 그에 따른 새로운 도전과 열정의 근저에는 법관의 재판독립과 철저한 신분보장이 자리 잡고 있다고 할 것입니다.

☺ 변호사 유머 8 - **신앙**

변호사와 친구 2명이 모여서 자신의 신앙에 대해 이야기하고 있었다.

친구 1: 나는 헌금을 할 때 하느님께서 직접 선택하시도록 하지. 금을 그어놓은 다음 돈을 공중에 뿌려서 오른쪽에 떨어지는 것만 내가 가지는 거야.

친구 2: 나도 비슷해. 원을 그려놓고 원 밖에 떨어지는 것만 내가 가지지.

변호사: 나 역시 하느님께서 직접 선택하시게 하지. 돈을 공중에 뿌려서 하느님께서 직접 가져가시게 하고 남아서 땅에 떨어지는 것만 내가 가진다네.

제8장

사례연구4

H건설 vs. 기을호
사건의 결과는?

변호사 유머 9 – **술값**

Q: 유흥주점에서 경찰관, 기자, 변호사가 모여 술을 마셨다.
   술값은 누가 치렀을까?

A: 접대부 아가씨.

1. 제1심 법원의 판단

사례연구 사안은 실제의 재판을 모델로 한 안건이었습니다.
제1심법원(서울중앙지방법원 2005가합99041호)은 원고인 H건설의 청구를 인용하면서, 기을호는 H건설로부터 잔금 약 9억 4,000만 원을 지급받는 동시에 문제의 토지와 건물에 대한 소유권을 H건설에 이전해 줄 의무가 있다고 판결하였습니다.

기을호의 항변, 즉 기노걸이 이 사건 계약서를 작성하였다는 아무런 직접적인 증거도 없고, 계약서 작성 현장에 유일하게 참석하였다는 A의 진술 및 증언 내용은 수차례 번복되는 등 신빙성이 의심스러우며, 특히 계약서에 기재된 계좌번호가 1997년 9월 24일 자로 예금 해지된 것임이 밝혀진 점에서 "2000년 9~10월경 기노걸은 이지학에게 계좌번호를 불러주고 이지학은 이를 직접 계약서에 적어 넣는 것을 지켜보았다."는 A의 증언은 사실일 수 없다는 취지의 항변은 받아들여지지 않았습니다. 이와 관련한 제1심 판결서 주요 내용은 다음과 같습니다.

(1) <증인A>는 이지학이 2000년 9월경 기노걸과 부동산매매에 관한 합의를 하고, 기노걸을 대신하여 이 사건 계약서에 기노걸의 이름·주소·주민등록번호를 기재하고, 기노걸에게서 막도장을 건네받아 날인을 하고, 기노걸이 가르쳐준 농협 계좌번호를 적었다고 증언하였다. 또한 <증인B>는 이지학 등에게서 위와 같이 작성된 계약서를 받아 원고(H건설)가 Y건

설에 대금을 지급한 날짜에 맞추어 이 사건 계약서의 작성일자 난에 "1999. 11. 24."로 기재하였다고 증언한 점 등을 종합하면 이 사건 계약서는 기노걸이 진정한 의사에 따라 작성된 것으로 인정된다.

(2) 기을호는 이 사건 계약서에는 기노걸의 이름이 한글로 적혀 있고 막도장이 날인되었다고 주장하지만, 위조되지 않은 다른 계약서 중에도 막도장으로 날인된 것도 있다.

(3) 기을호는 이 사건 계약서에 기재된 농협 계좌(241084-56-002254)는 1997년 9월 24일 예금계약이 해지되어 폐쇄된 것이라고 주장한다. 그러나 계좌번호는 통장의 첫 장을 넘기면 바로 알 수 있지만 계좌의 폐쇄 여부는 통장의 마지막 면을 보아야 알 수 있는 관계로, 이 사건 계약 당시 75세의 고령으로 병석에 누워 있던 기노걸이 착오로 폐쇄된 계좌번호를 불러줄 가능성도 존재한다.

(4) 만약 H건설, Y건설 혹은 이지학이 D건설로부터 받았거나 매매계약 대행 과정에서 이미 알고 있던 기노걸의 계좌번호를 이용하여 이 사건 계약서를 위조하였다면 위와 같이 폐쇄된 계좌가 아니라 2차 중도금이 지급된 계좌번호를 적었을 것이다. 결국 위와 같이 제출된 증거만으로는 <증인A>의 증언 등을 뒤집고 이 사건 계약서 등이 위조되었다고 인정하기에 부족하다.

앞서 우리는 민사소송법 제202조 법원(법관)의 자유심증주의를 보았습니다. 그렇습니다. 민사소송 재판은 신분을 보장받은 독립된 법관이 진행합니다. 법관은 변론 전체의 취지와 당사자가 제출한 증거조사 결과를 참작하여 자유롭게 주장 사실이 진실인지를 판단할 수 있습니다. 물론 그러한 사실인정은 "사회정의와 형평의 이념에 입각한 논리와 경험법칙"이라는 정의(正義)의 규준에 따라야 한다고 규정하고 있습니다.

여기서 "사회정의"란 예컨대 '같은 것은 같게, 다른 것은 다르게'와 같은 일반적 평등원칙 등을 의미할 것입니다. "형평(衡平)"이란 어느 한쪽으로 지나치게 치우침이 없이 균형을 맞춘다는 뜻입니다. 민사소송법이 정의의 규준으로 규정한 "사회정의와 형평"이라는 개념을 도입한 것은 곧 앞서 "롤스의 정의론"에서 본 실질적 평등의 원리(정의의 제1원칙)와 차등 원리(정의의 제2원칙)를 포괄하는 것으로 보아도 무방할 것입니다. 그만큼 대한민국 민사소송법이 지향하려는 정의에 대한 철학적 깊이는 심오하며, 또한 그만큼 법원과 법관의 역할에 대하여 강력한 신뢰를 두고자 함을 알 수 있습니다. "논리와 경험법칙"이란 앞서 본 '사회정의와 형평의 이념'이라는 이치를 거스르지 않고 자연스럽게 스며드는 듯

하게 사실을 인정함으로써 진실을 추구하여야 한다는 의미일 것입니다.

결국 민사소송법 제202조는 법원은 진실을 바탕으로 하여 우리 사회가 추구하는 정의를 추구하고자 형식적인 증거조사 결과에 크게 구애될 필요가 없다는 점을 강조한 것입니다.

물론 구체적 재판에서 '사회정의와 형평의 이념에 입각한 논리와 경험법칙'의 실체가 무엇인지는 다소 애매모호할 수는 있겠으나, 이에 대한 판단은 전적으로 법관의 양식(良識)과 양심(良心)에 맡길 수밖에 없습니다.

제1심 법원은 법관의 양심을 바탕으로 변론 전체의 취지와 증거조사 결과를 참작하여 자유롭게 형성한 심증으로, 〈증인A〉의 증언과 〈증인B〉의 증언을 신빙성 있는 증거로 받아들였고, 이를 근거로 이 사건 계약서는 기노걸이 진정한 의사에 따라 작성한 사실을 진실로 인정하였습니다.

제1심 법원은 뒤이어 〈증인A〉와 〈증인B〉의 증언은 신빙성이 없다는 취지의 기을호의 항변을 배척하는 이유에 대하여도 비교적 상세히 설명하기도 하였습니다.

민사소송법은 법원의 자유심증주의를 규정하였고, 이로써 사실인정에 대한 판단은 법관의 고유 권한입니다. 다만 법관의 이러한 권한은 '사회정의와 형평의 이념에 입각한 논리와 경험법칙'이라는 정의의 규준에 따라야 합니다. 그래야 공정하고 정의로운 재판 결과를 담보할 수 있습니다. 따라서 법관의 사실인정에 대한 권한은 법관 개인이 주관적으로 누릴 수 있는 권리가 아니라, 법관이라는 국가 기관이 공정하고 정의로운 재판을 수행하기 위하여 부여된 엄중하고 객관적인 책무(責務)라고 보아야 합니다.

그렇다면 담당 법관이 위와 같은 책무(責務)를 다하고 있는지는 어떻게 알 수 있을까요? 혹여 법관이 실수하거나, 법관 개인의 주관적 감정에 치우쳐 '사회정의와 형평의 이념에 입각하지도 않고', '논리와 경험법칙에도 벗어난' 사실을 인정하는 경우는 전혀 없는 것일까요? 만일 이러한 경우가 발생한다면 일반 국민은 어떻게 해야 할까요?

물론 법관도 사람인 이상 실수할 수도 있고, 극히 이례적으로 주관적 감정에 치우친 나머지 사실을 잘못 인정할 수도 있을 것입니다. 이에 대하여 일반 국민으로서는 법이 정해진 불복 절차에 따라 불복할 수밖에 없습니다. 결국 법관의 사실인정의 오류는 법원(상급심 법원)에 의하여만 수정될 수 있습니다. 다른 국가 기관이나 일반 국민이 이를 대신하는 것은 불가능하며, 사법에 대한 권한은 오로지 법원(법관)을 통하여만 가능할 뿐입니다.

아마도 여러분은 법원이 스스로 실수를 인정하는 데 인색하면 어떻게 하느냐고 질문할 수 있겠지만, 현재 대한민국 사법 시스템은 전적으로 법관의 양심을 신뢰하도록 설계되어 있다는 것은 분명한 사실입니다.

법관은 심지어 국가 원수인 대통령보다도 더 철저하게 헌법상 신분을 보장받고 있습니다. 이는 모든 법관이 삼권분립의 헌법 정신에 입각하여 각자의 양심(良心)으로 철저하고 충실하게 자기를 통제하면서 오로지 합리적이고 공정한 재판으로 정의로운 판단을 할 것이라는 강력한 믿음을 바탕으로 하고 있기 때문입니다.

한때 사법부는 사법절차에는 오류란 존재할 수 없으며, 그러한 오류가 있음에도 불구하고 법원이 이를 바로잡기에 인색할 수 있다는 생각은 그 자체로서 사법부에 대한 불신을 조장하려는 악의적 의도에 불과할 뿐이라는 입장을 취하기도 하였습니다(이른바 판결무오류주의**).

그러나 대한민국의 주권은 국민에게 있고, 사법 권력 역시 국민에게서 비롯된다는 것은 분명하므로, 대한민국 국민이라면 누구나 잘못되었다고 생각되는 법원 판결에 대하여 합리적인 비판을 할 수 있습니다. 판결에 대한 합리적 비판은 법원에 대한 소통과 신뢰를 드높이는 데 중요한 역할을 할 것이며, 이를 통하여 사회는 한층 성숙한 자유 시민국가로 거듭나게 될 것입니다. 이러한 취지에서 이하에서 제1심판결 등에 대한 의문점을 살펴봅니다.

2. 제1심법원 판결에 대한 의문점

법원의 원칙적 입장에도 불구하고, 오늘날 법원(법관)의 재판상 사실인정의 오류에 대하여는 많은 비판이 있습니

** 판결무오류주의는 사법 판결은 헌법과 법률에 따라 마련된 사법절차를 통하여 끊임없이 진실과 정의를 추구하여야 한다는 개념상의 의미로 이해하여야 할 것이고, 이를 사법 현실에서 아무런 오류가 없다는 뜻으로 확대해서는 곤란할 것입니다.

다. 즉, 법관의 개인적 실수 혹은 법관 개인의 주관적 감정에 따라 사실인정을 잘못할 여지는 충분히 존재합니다. 물론 이러한 오류는 때로는 법적 절차에 따라 수정·보완되기도 하지만, 현실적인 여러 제약으로 인하여 그렇지 못한 경우도 많습니다. 즉, 대한민국 사법 시스템 운영 과정에서 발생하는 수많은 오류들이 법이 정한 절차에 따라 100% 교정된다고 장담할 수는 없습니다.

대한민국 헌법은 삼권분립의 정신에 따라 사법에 대한 권한을 법원에 위임하고 있으므로 법원 소속의 독립된 개개 법관은 공정한 재판과 사법 신뢰를 위하여 온 힘을 기울여 주어진 사명을 다할 것입니다. 한편 사법절차의 종국적인 수법자는 국민입니다. 따라서 개개 법관뿐만 아니라 주권자인 모든 국민도 제도화된 사법 시스템이 적절하고 안정된 절차를 통하여 정의롭고 공정하게 운영되어 더 많은 국민에게서 사랑과 신뢰를 받을 수 있도록 함께 노력해야 하는 것은 너무도 당연합니다.

이렇게 볼 때, 모든 국민은 법관의 판단을 신뢰하고 존중하여야 한다는 당연한 요청과 함께, 개개 판결에서의 사실인정이 과연 "사회정의와 형평의 이념에 입각한 논리와 경험법칙(정의의 규준)"을 따랐는지를 감시하려는 국민 역할의 중요성도 간과할 수 없다고 할 것입니다. 국민의 이와 같은 역할은 대한민국 사법 시스템의 토양을 풍성히 하고 신뢰의 기반을 굳건히 할 것입니다. 특히 변호사 등 법률 전문직에 종사하는 이들은 더 많은 노력을 기울여야 할 것입니다.

제1심 법원은 〈증인A〉와 〈증인B〉의 각 증언, 그리고 변론 전체의 취지를 이유로 이 사건 계약서는 기노걸이 작성한 것으로 사실을 인정하였습니다. 아마도 〈증인A〉와 〈증인B〉의 각 증언에 신빙성을 부여하더라도 이는 '사회정의와 형평의 이념에 입각한 논리와 경험법칙(정의의 규준)'에 합당하다는 강력한 심증을 형성한 것 같습니다.

그러나 기을호 소송대리인이자 위 소송 과정 전반을 참여한 저자로서는 이러한 판결에 대하여 상당한 의구심을 떨쳐버릴 수가 없습니다. 즉, 제1심 법원의 사실인정에 대한 판단이 과연 "사회정의와 형평의 이념에 입각한 논리와 경험법칙(정의의 규준)"에 합당한 것인지에 대한 의심을 떨쳐버릴 수가 없다는 것입니다. 이러한 의구심은 법률가이자 사건 담당 소송대리인으로서의 정체성에 혼란을 느낄 정도로 강력하였습니다. 이하에서 살펴보겠습니다.

첫째, 증인으로서의 중립성에 대한 의구심

A는 이 사건 계약서의 작성에 실질적인 이해관계가 있는 자였다는 점에서 과연 중립적인 위치에서 증언하였는지가 의심스럽습니다. H건설은 1999년 11월 이 사건 계약서 작성을 Y건설에 용역을 주었고, Y건설은 그 대가로 2000년 1월까지 H건설로부터 약 37억 원의 용역대금을 받았습니다. 그런데 A는 Y건설의 전무이사 겸 토지매입 담당자입니다. 즉, A는 H건설을 대신하여 이 사건 계약서를 받아내야 하는 업무를 담당한 핵심적이고 실질적인 이해관계가 있는 자입니다. 즉, A는 중립적인 제3자의 지위에 있다고 할 수가 없습니다. A의 이러한 입장과 위치를 생각할 때, 자칭 **계약 체결 현장을 지켜본 유일한 생존자**라고 하는 A의 말을 액면 그대로 믿기는 어렵습니다. 즉, 이지학이 H건설을 대신하여 기노걸과 매매계약서를 작성하는 현장을 보았다는 A의 증언은 그야말로 주관적일 뿐 해당 사실을 담보할 객관적인 증거는 전혀 없는 상태입니다. 이러한 A의 말을 액면 그대로 사실로 인정하는 제1심 법원의 판단은 선뜻 받아들이기 어렵습니다. 경험칙상 A가 자기에게 유리한 사실을 거짓으로 꾸며낼 가능성을 의심하는 것은 너무도 당연하기 때문입니다.

B 역시 H건설 토지매입 담당 직원입니다. 즉, H건설을 대신하여 기노걸에게서 이 사건 계약서를 받아내야 하는 입장에 있다는 점에서, 중립적인 제3자의 위치에 있는 자라고 할 수가 없습니다.

즉, A와 B는 기본적으로 기노걸이 이 사건 계약서를 작성하였다는 사실을 증명하려는 이해당사자들입니다. 더구나 이 사건 진행 시에는 이미 기노걸은 사망한 상태였으므로, 두 사람은 얼마든지 말을 맞추어 허위 사실을 작출해 낼 수 있는 여건이었습니다. 즉, 증인으로서의 중립성과 객관성이 의심되는 자들로서, 다른 객관적인 증거의 뒷받침 없이 이들의 주관적인 진술을 객관적인 사실로 승화시켜서는 매우 위험하다는 것입니다. 그럼에도 제1심 법원은 지극히 주관적인 이들의 진술을 다른 객관적인 증거의 뒷받침도 없이 사실로 인정하였습니다. 이는 사회정의와 형평의 이념에 입각한 논리와 경험법칙에 의한 판단인지가 매우 의심스럽다는 것입니다. 다시 말하면 판단의 논거가 물 흐르듯 자연스럽지가 않다는 것입니다.

둘째, 자칭 생존하는 유일한 증인이라는 A의 증언 자체를 믿을 수 없습니다.

〈증인A〉는 이 사건 계약서 작성 당시, 현장에는 자신을 포함한 이지학과 기노걸 3명만이 있었다고 합니다. 그런데 이지학은 2001년 5월경에 사망하였고, 기노걸은 2004년 8월경에 사망하였습니다. 그리고 A는 2005년 11월경 이미 기노걸·이지학이 사망하였다는 사실을 알고 있는 상태에서 진술서를 작성하여 법원에 증거로 제출하였습니다(더구나 위 진술서는 H건설 직원이 A를 대리하여 인증한 것으로 나타나 있습니다).

다시 말하면 A가 진술서를 작성한 당시인 2005년 11월경에는 기노걸과 이지학은 사망한 상태였고, 이 시기 A는 H건설과 협의하여 이 사건 계약서의 작성 경위를 마음대로 꾸며낼 수 있는 충분한 시간과 여건이 주어진 상황이었습니다. 즉, 정말로 A가 이지학과 함께 기노걸을 찾아갔다는 객관적인 증거는 전혀 없고, 시기적으로 이를 확인할 다른 방법도 없는 상태에서, 오로지 A의 진술만으로 이 사건 계약서 작성 상황이 언급되고 있을 뿐입니다. 진실에 대한 깃털만큼의 객관적인 증거도 없는 상태에서, 자칭 유일한 증인이라는 A의 진술이 어디까지, 얼마만큼 사실인지는 오로지 A만이 알 수 있을 것입니다. 이에 오로지 A의 진술을 진실로 승격시키는 법원의 판단을 과연 합리적이고 이성적인 판단이라고 할 수 있을까요?

더구나 A는 뒤에서 보는 바와 같이 계약서 작성 시기를 번복하는 등 새로운 객관적인 사실이 발생할 때마다 수시로 진술을 번복하는 모습을 보였습니다. 이러한 점에서 A의 주관적 진술을 객관적 사실로 인정하는 데에는 매우 엄격한 검증과 주의가 필요할 것입니다.

셋째, A와 B는 일시에 말을 맞추어 진술을 번복하였습니다.

A는 이미 한 차례 진술을 번복한 사실이 있습니다. 즉, 애초 A는 "1999년 11월 24일"에 이 사건 계약서 작성 현장을 참관하였다고 하였습니다. 그런데 그 후 A가 속한 Y건설이 2000년 7월 28일까지 기노걸과 매매계약을 체결하지 못하였다는 최고서가 발견됩니다. 즉, A의 진술과 다른 내용의 객관적 사실을 증명하는 증거가 발견된 것입니다.

그러자 A는 돌연 진술을 번복합니다. 계약서 작성 현장을 참관한 것은 "1999년 11월 24일"이 아니라 "2000년 9월 내지 10월"이라는 것입니다.

A는 이 사건 계약서 작성 현장을 본 자칭 유일한 생존자라고 합니다. 그렇다면 A가 계약서 작성일을 "1999년 11월 24일"이라고 하면 그게 사실이 되고, 그 후 반대 증거가 나타나자 다시 그 일자를 "2000년 9월 내지 10월"이라고 하면 변경된 진술이 다시 사실로 되는 것일까요? 이와 같은 사실인정은 매우 위험합니다. 이는 새로운 증거가 나타나면 A는 언제든지 진술을 번복하는 경향을 보이고 있기 때문입니다. 법원의 사실인정은 최소한의 객관성을 유지해야 하기 때문이기도 합니다.

주목해야 할 점은 A의 진술 번복에 따라 B도 함께 진술을 번복하면서 말을 맞추고 있다는 점입니다. 애초 B는 1999년 11월 24일경에 Y건설에 용역대금 36억 원을 지급하면서 그즈음 A에게서 이 사건 계약서를 교부받아 "1999. 11. 24."이라는 계약일자를 직접 적어 넣었다고 하였습니다. 그런데 A가 "계약일자는 2000년 9~10월"이라고 진술을 변경하자, B도 돌연 "이 사건 계약서를 교부받은 것은 2000년 가을쯤이며, 계약서에'1999. 11. 24.'를 기재한 것은 그날로 돈이 나갔기 때문에 회계상의 날짜"라고 진술을 변경합니다. 계약서 작성일자에 대한 진술만을 번복한 것이 아니라, 그러한 사실에 대한 이유까지 번복한 것입니다. 어떻게 두 사람의 기억이 동시에 발생하고 변경될 수 있을까요? 이것은 애초 두 사람이 미리 말을 맞추어 진술하였었고, 그 후 다른 증거가 발견되자 또다시 말을 맞추어 진술을 변경하면서 그 이유까지 변경한 것으로 볼 수밖에 없습니다. 두 사람이 말을 맞춘 정황이 이렇듯 뚜렷한데, 어떻게 이들의 진술을 객관적인 사실로 승화시킬 수 있는 것일까요? 이러한 사실인정은 너무도 어색합니다.

결국 제1심법원은 A와 B의 진술을 바탕으로 기노걸이 이 사건 계약서를 작성한 사실을 인정하였습니다. 법원은 여하튼 자유심증의 권한으로 A와 B의 진술을 믿을 수 있다는 것인지, 재판과정이 이렇듯 앞뒤 모순된 주관적 진술 중 일부만을 취하여 아무런 저항 없이 객관적인 사실로 승화시켜도 되는지 머리가 좀 복잡합니다. 재판이 마치 점쟁이가 굿을 하는 꼴로 흘러가는 것은 아닌지 두렵기도 합니다.

넷째, 계약체결일 기준 3년 전에 해지된 계좌번호가 계약서에 기재되어 있는 사실이 재판 중 드러난 점은 어떻게 보아야 할까요?

A는 2000년 9월 내지 10월에 기노걸이 이지학에게 통장

번호를 불러 주었고, 이지학은 이를 현장에서 직접 계약서에 기재해 넣었다고 하였습니다. 그런데 이 사건 계약서에 기재된 기노걸의 계좌번호(농협 241084-56-002254)는 기노걸이 1997년 9월 24일에 예금계약을 해지한 것이었습니다. 2000년 9월경에 작성되었다는 계약서에 1997년 9월에 예금계약을 해지한 계좌번호가 적혀 있는 사실이 재판과정에서 드러난 것입니다. 이와 같은 이례적인 상황을 어떻게 받아들여야 할까요?

제1심법원은 이에 대하여, 당시 기노걸은 75세의 고령으로 병석에 누워 있던 상태였으므로 착오로 폐쇄된 계좌번호를 불러줄 **가능성**도 존재한다고 판시하고 있습니다. 그러나 제1심 법원의 판단에도 불구하고 고개를 갸웃할 수밖에 없습니다.

75세 고령으로 병석에 누워 있던 사람이 안방에서 통장을 가지고 나와 거실에 있는 이지학에게 계좌번호를 불러줄 수도 있다는 설명은 경험칙상 좀처럼 이해되지 않습니다. A와 이지학이 75세의 고령으로 누워있는 기노걸을 상대로 계약 사항이 빼곡하게 적혀 있는 토지매매계약을 체결하였다는 것도 상식적이지 않습니다. 정말로 그러한 일들이 발생할 가능성이 있는 것일까요? 법관의 자유심증주의는 지극히 이례적인 가능성만이 존재할 뿐인 주장을 객관적인 사실로 인정할 수 있다는 것일까요?

무엇보다도 예금계약이 해지된 통장은 은행 직원이 당시 관행에 따라 통장 뒷면 표지 절반을 찢어놓은 상태였습니다. 아무리 75세 고령의 기노걸이라고 하더라도, 뒷면 표지 절반이 찢어 놓아 무려 3년 동안이나 사용하지 않던 예금통장을 안방에서 들고나와 정상적인 예금통장으로 잘못 알고 표지를 열어 계좌번호를 불러주는 일이 과연 가능한 일일까요? H건설 측 용역업자로서 수많은 계약 체결 경험을 보유한 A와 이지학은 노령의 기노걸이 찢어진 통장을 가지고 나와 계좌번호를 불러주는 것을 그저 받아 적기만 하였다는 주장인데, 이러한 판단을 어떻게 받아들여야 할까요?

제1심법원은 75세 고령의 기노걸이 착오로 폐쇄된 계좌번호를 불러줄 **가능성**이 있다고 하였습니다. 아마도 제1심법원도 2000년 9~10월경에 작성된 계약서에 1997년 9월 24일자로 예금계약이 해지된 계좌번호가 기재된 것은 상당히 이례적인 사실로 받아들인 것 같습니다. 그럼에도 제1심법원은 법관의 자유로운 심증을 동원하여 A와 B의 증언에 강한 신빙성을 부여하여 위와 같은 이례적인 판단을 하였습니다. 제1심법원이 이례적으로 A와 B의 진술과 증언에 이렇듯 강한 신빙성을 부여한 이유는 도대체 무엇일까요?

법관의 자유심증주의가 이토록 강력하고 이례적인 방향으로까지 확장된다면, 과연 국민으로서는 법원의 사실인정에 대한 권한에 어떻게 대응해야 할지 염려되지 않을 수 없습니다.

다섯째, 기노걸이 당시에 처해 있었던 상황도 전혀 고려하지 않았습니다.

제1심법원은 이 사건 계약 체결 당시, 75세의 기노걸은 고령으로 병석에 누워 있는 채로 자택에 홀로 있었다고 전제합니다. 그러나 '고령으로 병석에 누워 있는 자'가 '자택에 홀로 있을 가능성'에 대하여도 의문입니다. 당시 기노걸은 배우자와 함께 고향 집에서 거주하였는데, 병석에 누워있던 상태였다면 마땅히 배우자도 곁에 있었어야 할 것입니다. 배우자가 같이 있었다면 노령의 기노걸이 3년 전에 예금계약이 해지되어 찢어진 예금통장을 꺼내와 이를 열고 계좌번호를 불러주는 일은 상상할 수 없을 것입니다.

A와 B는 최초 진술서에서는 기노걸이 병석에 있었다는 말은 전혀 하지 않았습니다. 그런데 그 후 2000년 7월 28일자 최고서가 발견되고, 1997년 9월 24일 자로 예금계약이 해지된 계좌번호가 발견되자, 비로소 A는 당시 기노걸은 병색이 완연하였었다고 증언합니다.

그러나 병석에 누워있는 기노걸이 배우자도 없는 상태에서 홀로 A와 이재학을 맞이하였고, 그토록 반대하던 토지매매계약서에 선뜻 막도장을 날인해 주고, 3년 전에 예금계약을 해지하여 뒷면 표지가 찢어진 통장을 보고 계좌번호를 불러 주었다는 것은 아무리 생각해도 수긍이 가지 않습니다.

여섯째, 사후적 시각에 의한 가정적 판단도 문제입니다.

제1심법원은 "만약 H건설, Y건설 혹은 이지학이 D건설로부터 받았거나 매매계약 대행 과정에서 이미 알고 있던 기노걸의 계좌번호를 이용하여 이 사건 계약서를 위조하였다면 위와 같이 폐쇄된 계좌가 아니라 2차 중도금이 지급된 계좌번호를 적었을 것"이라고 판시하였습니다.

그러나 이는 사후적 관점에서의 가정적 판단일 뿐, 당시의 상황에서는 이러한 판단이 불가능합니다. 기노걸은 1997년 8월경 이지학의 중재로 D건설과 토지매매계약을 체결하였고, 그때 사용하던 예금계좌(1997년 9월 24일 예금계약 해지한 계좌)로 계약금과 제1차 중도금을 지급받습니다. 따라서 1997년 8월에 D건설과의 계약 체결을 중재하였던 이지학은 기노걸의 종전 계좌번호는 알고 있었을 것입니다.

그런데 기노걸은 그 후 1997년 9월 24일 종전 사용하던 예금계좌를 해지하고, 이자율이 더 높은 알짜배기 통장(당시는 IMF 시기로서 은행 예금금리가 연 20%에 이르렀습니다)을 개설한 다음, D건설에 새로 개설된 계좌번호를 알려 주어 제2차 중도금을 지급받았습니다. 따라서 이지학으로서는 D건설과의 매매계약 중재 시 전달받은 기노걸의 계좌번호(1997년 9월 24일 해지된 계좌)는 알 수 있을지언정, 그 후 기노걸이 개별적으로 새로 개설하여 D건설에 알려준 통장번호는 당연히 모를 수밖에 없습니다.

그런데 제1심 법원은 마치 이지학은 기노걸이 D건설과 매매계약을 중재할 당시 기노걸의 계좌번호뿐만 아니라, 그 후에 새로 개설하여 D건설에 개별적으로 알려준 계좌번호도 당연히 알고 있었을 것이라고 전제하고 있습니다. 즉,

제1심 법원은 판결을 선고할 당시를 기준으로 모든 사실을 알고 있는 상황, 즉 사후 관점에서 가정적으로 판단하는 모순을 범하고 있는 것입니다. 결국 법원의 위 판시는 기본적인 논리와 경험법칙에도 어긋납니다.

마지막으로, 자유심증주의의 경계에 대한 목소리에도 주목해야 합니다.

대한민국 헌법 제103조는 법관의 양심을 바탕으로 한 심판 권한을 선언하고, 민사소송법 제202조는 법관의 자유심증에 의한 사실인정의 권한을 규정하고 있습니다. 이는 곧 우리 사회의 사법질서는 법관의 양심을 근간으로 하고 있다는 의미이며, 동시에 법관은 사법 시스템이 추구하려는 진실과 정의의 최종 수호자로서의 역할을 강조한 것으로 보아야 합니다.

특히 민사소송은 주로 양 당사자 사이의 재산과 신분 관련 분쟁을 다룹니다. 이때 법관은 변론 전체의 취지와 증거조사 결과를 참작하여 자유로운 심증으로 사실인정을 판단할 수 있습니다. 즉, 법관은 변론 전체의 취지와 증거조사 결과를 참작하여 사실인정에 관해 판단할 수 있고, 반드시 증거조사 결과에 따라야 할 필요는 없습니다. 법관은 증거조사 결과에 반대되더라도 그것이 정의의 규준에 합당하다는 강력한 심증이 형성되었다면 그러한 사실인정도 할 수 있고, 이는 적법하다는 것입니다.

법관은 민사 재판 과정에서 비록 일방 당사자가 제출하는 증거가 다소 부족하더라도, 변론 전체의 취지를 살펴볼 때 그것이 진실과의 거리가 멀어서가 아니라, 당사자의 증거 수집 능력 부족 등 구조적 이유에 기한 것이라고 판단할 수 있습니다. 이러한 경우 법관은 당사자의 증거가 취약하더라도 자신의 자유로운 심증으로 진실이라고 생각되는 사실을 인정한 다음, 이에 기반하여 정의라고 생각되는 판결을 선고할 수 있습니다. 이를 통하여 사회의 진실과 정의를 수호하고자 하는 것이고, 헌법과 법률은 법관에게 이러한 숭고한 역할과 사명을 부여한 것입니다. 앞서 살펴본 이른바 "황금 들녘 판결"도 이러한 견지에서 이해하여야 할 것입니다.

그러나 민사소송 역시 양 당사자의 이해관계가 첨예하게 대립하는 분쟁을 대상으로 하는 재판과정입니다. 이는 사회의 대표적 공적 영역에 속하는 절차인 점에서, 양 당사자가 제출하는 객관적인 증거를 마냥 무시할 수는 없을 것입니다. 진실이란 생각보다 발견이 쉽지 않으며, 법관의 과도한 자유심증주의의 행사는 자칫 국민의 재판에 대한 불신과 저항을 낳을 수 있기 때문입니다.

재판은 기본적으로 일반성과 객관성을 담보하여야 하는 것이고, 민사소송 역시 이러한 기본적인 속성을 벗어날 수 없습니다. 따라서 법관의 자유심증주의 또한 재판의 기본 속성인 일반성과 객관성을 담보하고 보충하는 역할에서 완전히 벗어나서는 아니 될 것이며, 이는 자유심증주의의 한계로 이해하여야 할 것입니다.

이러한 견지에서 제1심법원 판결은 도무지 이해할 수가 없습니다.

기본적으로, 변론 전체의 취지와 A와 B의 각 증언 등을 종합하여 이 사건 계약서는 기노걸이 작성하였다고 곧바로 사실인정을 한 것은 좀처럼 이해되지 않습니다. 이는 제출된 증거를 아무리 살펴봐도 기노걸이 이 사건서를 작성하였다는 객관적인 증거는 전혀 없고, A와 B의 각 증언은 그 자체로 객관성이 전혀 담보되지 않는 지극히 주관적인 진술에 불과하기 때문입니다. 더구나 A와 B의 각 진술은 상호 앞뒤가 맞지 않는 등 일관성도 없었습니다. 특히 2000년 9~10월경에 작성되었다는 이 사건 계약서에 1997년 9월 24일 자로 기노걸이 직접 예금계약을 해지한 계좌번호가 기재되어 있다는 사실이 확인된 이후의 A와 B의 진술은 그야말로 혼돈의 도가니였습니다. 갈피를 잡지 못하고 당황하고 우왕좌왕하며 진술은 수시로 바뀌었습니다. 이 점을 어떻게 설명할 수 있을까요?

과연 통상의 지식과 경험을 가진 일반 국민도 제1심법원의 설명처럼 '당시 75세의 고령으로 병석에 누워있던 기노걸이 착오로 예금통장 겉표지가 찢어져 너덜너덜한 통장을 가지고 나아 그 표지를 펼쳐 계좌번호를 불러주었을 가능성'을 이유로 기노걸이 이 사건 계약서를 작성하였다고 판단할 수 있을까요? 대한민국에서 이와 같은 생각과 판단을 할 수 있는 사람이 과연 몇 명이나 있을까요?

법관에게 부여된 자유심증주의는 진실과 정의를 바로잡기 위한 수단으로서 주어진 것이지, 결단코 법관 개인의 자의(恣意)를 무제한 허용하겠다는 것은 아닙니다. 만일, 법관의 자유심증 권한이 아무런 경계도 없이 인정된다면, 이는 '정의의 수호자'이어야 할 법원이 자칫 '정의의 파괴자'로 전

락하게 될 것입니다. 이는 곧 사회 전체를 매우 위험한 지경
으로 곤두박질치게 할지도 모릅니다.

3. 항소심 및 상고심

기을호는 항소심에서 2가지 중요한 증거를 추가로 제출
합니다.

첫째, 기노걸 바로 옆집에 사는 이웃사촌 허창 명의로 된
토지매매계약서와 최고서입니다.

D건설은 1997년 12월, 허창과도 토지매매계약을 체결하
고 계약금과 중도금을 지급하였으나 잔금을 지급하지 못하
였습니다(기노걸과 마찬가지의 입장). 그 후 H건설은 D건설로
부터 기노걸, 허창 소유 토지매매계약을 비롯한 D건설이
체결해 놓고 잔금을 지급하지 못한 24건의 토지매매계약을
인수받기로 하였고, H건설 명의로 새로운 매매계약 체결은
Y건설이 대행해 주기로 하였으며, Y건설은 이를 W건설(대
표 이지학)에 재용역을 준 상태였습니다.

이때 기노걸과 허창은 H건설과의 새로운 토지매매계약 체결을 강력하게 반대하였습니다. 이에 H건설은 2000년 7월 28일 두 사람에게 "귀하들이 자기 욕심만 앞세워 매매계약을 반대하니 향후 토지 수용 절차를 밟겠다"는 내용의 최고서를 발송합니다.

그런데 나중에 확인한 사안이지만, 2000년 1월 24일 즈음 H건설은 Y건설로부터 위 24건의 토지매매계약 중 23건의 새로운 토지매매계약서를 교부받으면서 이와 관련한 용역대금 약 37억 원을 Y건설에 지급한 증거 자료가 발견되었고, Y건설은 그중 약 10억 원을 하청 용역업자인 W건설 이지학에게 지급한 계좌이체 자료 등 각종 증거 자료도 발견됩니다.

위 증거 자료에 의하면, W건설 이지학은 2000년 1월 24일경 기노걸과 허창 등이 H건설 명의로 새로운 토지매매계약 체결을 강력히 반대하자, 임시방편용으로 두 사람의 토지매매계약서를 임의로 작성하여(위조하여) 다른 계약서와 함께 23건의 토지매매계약서를 Y건설에 전달하였고, Y건설은 이를 H건설에 교부하면서 앞서 본 약 37억 원의 용역대금을 지급받은 것으로 보입니다.

자유심증주의

이 과정에서 이지학은 Y건설에게는 기노걸과 허창 명의의 토지매매계약서는 정상적으로 승인받지 않았다는 사실을 알렸을 것으로 보입니다. 이에 Y건설은 용역대금을 지급받은 이후인 2000년 7월 28일경 두 사람에게 토지매매계약 체결을 종용하는 최고서를 발송하였던 것입니다.

한편, 그즈음 H건설은 중동 건설 관련 미수금이 쌓이면서 금융 위기를 겪게 되며 사실상 모든 공사 현장이 중단됩니다. 이에 2000년 12월 20일 즈음 H건설은 Y건설로부터 교부받아 둔 기노걸과 허창의 부동산매매계약서를 소명자료로 제출하여 해당 부동산에 대한 처분금지가처분신청을 하였고, 법원은 기노걸과 허창 명의의 계약서 외형을 신뢰하여 가처분결정을 한 것으로 보입니다.

2001년 4월경 허창은 당시 김포 세무서에서 공무원으로 근무하는 사촌 형의 도움을 받아 법원에 제출된 가처분신청 관련 서류를 열람하게 됩니다. 허창 자신도 전혀 모르는 허창 명의의 토지매매계약서가 가처분신청 소명자료로 제출되었다는 사실을 확인하고는 경악을 금치 못하게 됩니다.

허창은 곧바로 H건설에 가처분결정을 취소하라는 최고서를 발송하였지만 H건설로부터 아무런 답변을 듣지 못합니다. 이에 변호사를 선임하여 제소명령(가처분결정 사건에 대하여 일정한 기한 내에 본안 소송을 제기하라는 법원의 명령)을 신청하지만 H건설은 여전히 묵묵부답이었습니다. 결국 법원은 허창이 신청한 가처분 취소를 받아들였고, 저자는 이와 관련한 일련의 소송자료들을 입수하여 항소심 재판부에 증거자료로 제출합니다.

즉, 2000년 12월경 기노걸은 뇌출혈로 쓰러져 병원에 입원하면서 이웃 허창과 같이 가처분결정을 적극적으로 다투지는 못하였습니다. 하지만 동일한 형식의 토지매매계약서·동일한 필체·동일한 형태의 막도장이 날인되고, 동일하게 1997년경에 예금계약이 해지된 계좌번호가 기재된 허창 명의의 토지매매계약서가 위조된 사실이 법원을 통하여 확인되었다면, 당연히 기노걸의 이 사건 계약서도 동일하게 위조되었다는 사실을 인정받을 수 있을 것으로 생각하였습니다(법리적으로 말하면, 최소한 법관으로 하여금 '기노걸이 이 사건 계약서를 작성하지 않았을 수도 있다'는 정도의 의심을 불러일으킬 수 있는 증거로는 충분하다고 생각하였습니다).

둘째, 사망한 이지학의 글씨와 이 사건 계약서에 기재된 글씨(계좌번호 포함)를 대조한 필적감정서입니다.

A는 증인으로 출석하여 "기노걸은 안방에서 통장을 가지고 나와 거실에 있는 이지학에게 계좌번호를 불러 주었고, 이지학은 현장에서 계약서에 계좌번호를 직접 기재하여 넣었다"라고 하였습니다.

저자는 A의 이러한 증언의 진실성을 의심하였고, 김포에 사는 이지학 유족을 수차례 찾아가 계약서에 기재되어 있는 글씨가 정말로 이지학의 글씨가 맞는지를 물어보았습니다. 유족들은 어렵사리 마음을 열었고, 보관하고 있던 이지학의 편지와 수첩 등을 보여주면서, 계약서에 기재된 글씨는 이지학의 글씨가 아닌 것 같다고 하였습니다.

저자는 유족에게서 편지와 수첩을 전달받아 서초동에 있는 문서감정원에 같은 필적인지에 대한 문서 감정을 의뢰하였습니다. 문서 감정 결과는 이 사건 계약서에 기재된 모든 글씨는 이지학의 글씨가 아니라고 하였습니다. 이에 저자는 문서(필적)감정서를 증거로 제출하면서, A는 "기노걸은 이지학에게 계좌번호를 불러 주었고, 이지학은 계약서에 계좌번호를 직접 기재하였다"라고 증언하였지만 이는 거짓으로 확인되었으므로, 더 이상 A의 증언은 증거로서의 가치가 없다고 주장하였습니다.

그러나 항소심 법원은 기을호의 항소를 기각하였습니다.
항소심은 제1심에서 선고한 이유 외에 다음과 같은 이유를 추가하였습니다.

H건설이 2000년 12월 13일, 기노걸 옆집에 사는 허창 소유 토지에 관해 D건설로부터 위 토지에 관한 매수인의 지위를 승계하였음을 이유로 이에 관한 계약서 및 영수증(이 사건 계약서 및 영수증의 형식과 동일하고 매도인란 및 허창 옆에 소위 한글 막도장이 찍혀 있으며 작성일자는 2000. 1. 7.로 되어 있다)을 첨부하여 부동산 처분금지가처분 신청을 하여 2000년 12월 20일 서울지방법원 2000카합3535호로 위 토지에 대하여 부동산 처분금지가처분이 내려졌다.

그러나 허창이 2001년 4월 17일경 위와 같은 원고의 지위 승계를 승낙한 바가 없고, 위 계약서 등은 위조된 것이라고 주장하면서 소 취하를 요구한 후 원고가 법원의 제소명령에도 불구하고 소를 제기하지 않았고, 2001년 8월 13일 서울지방법원 2001카합1537호로 위 부동산 처분금지가처분 결정이 취소된 점을 인정할 수 있다고 하더라도,

......허창에 관한 위와 같은 사정만으로 허창에 관한 위 계약

서가 위조되었다고 단정하기 어려울 뿐만 아니라, 가령 허창에 관한 위 계약서가 허창의 승낙을 받지 않고 작성되어 위조된 것이라 하더라도, 이지학은 2000년경 매매계약의 체결을 위해 허창 및 기노걸의 집을 수차례 방문하였는 바, 기노걸의 이 사건 계약서의 작성을 승낙하였을 수도 있는 점 등에 비추어 그러한 사정만으로 이와 달리 보기 어렵다.

법관의 양심과 자유심증주의에 의한 사실인정의 내용과 깊이는 참으로 모호하고 이해하기 어렵습니다.

기을호의 소송대리를 맡은 저자로서는 제1심 증인 A 진술의 신빙성 관련 증거에 더하여, 사실상 사법절차를 통하여 간접적으로 위조 사실까지 확인된 허창 명의의 계약서까지 증거로 제출하였습니다. 이에 기노걸의 이 사건 계약서의 위조 사실도 충분히 인정될 것으로 생각하였으나 아쉽게도 법원의 판단은 달랐습니다. 아마도 항소심 법원은 저자가 법관의 자유심증주의를 깰 만큼 충분한 증거를 제출하지 못하였다고 판단한 것 같습니다.

한편, 항소심 판결 이유를 살펴보면서 한 가지 의문이 들었습니다.

제2심법원은 '이 사건 계약서에 기재된 글씨는 이지학의 글씨가 아니다'는 필적감정(문서감정) 결과에 대한 판단 자체를 하지 않았습니다. 혹시나 잘못 읽었나 싶어 몇 번이나 판결이유를 살폈으나, 이와 관련한 판단은 단 한 줄도 보이지 않았습니다.

저자는 어렵사리 이지학의 유족과 접촉하였고, 이들을 통하여 이지학이 평소 사용하던 수첩과 편지 등 이지학의 필체가 기재된 자료를 입수하여 법원 근처 문서감정원에 감정을 의뢰하였고, 이 사건 계약서에 기재된 글씨(계좌번호 포함)는 이지학의 글씨와는 완전히 다른 글씨라는 문서감정 결과를 증거 자료로 제출하였습니다.

문서감정 결과 대로라면, 증인 A의 "기노걸은 이지학에게 계좌번호를 불러 주었고, 이지학은 직접 계약서에 계좌번호를 기재하였다"는 증언은 거짓으로서 A의 증언은 어떠한 증거가치도 인정받을 수 없습니다. 그렇다면 H건설이 제출한 증거 중에는 기노걸이 이 사건 계약서를 작성하였다는 것이 단 한 건도 없게 됩니다. 민사소송에서 법관의 자유심증주의가 아무리 강조되더라도 아무런 증거도 없는 상황을 사실로 인정하기는 어려울 것입니다. 아무리 법관이라도 신(神)의 계시에 따라 모든 사실을 알 수는 없습니다.

다시 말하면 문서감정 결과는 그때까지 사건 전체의 맥락을 좌우한 A의 증언을 무력화할 수 있는 가장 중요한 증거자료였습니다. 그런데 항소심 법원은 이에 대한 판단 자체를 생략하면서 A의 증언은 여전히 생명력을 유지하였고, 이는 곧 기을호의 항소를 기각하는 결정적 무기가 되었습니다. 정말로 상상할 수 없었던 일이 현실로 나타났습니다.

기을호 측이 제출한 필적감정 결과에 대하여는 H건설 소송대리인도 준비서면 등을 통하여 맹렬히 다투기도 하였습니다. 그런데 항소심 법원은 이에 대하여 아무런 판단도 하지 않았고, 여전히 H건설 측에 유리한 강력한 자유심증을 내세우며 오히려 기을호가 이 사건 계약서가 위조되었다는 사실을 충분히 입증하지 못하였다고 합니다.

물론, 법관의 자유심증주의에는 어떠한 증거를 취사선택할지, 개별 증거의 증명력을 어느 정도로 인정할지를 판단하는 권한도 포함됩니다. 그러니 당사자가 중요한 증거라고 아무리 강조하더라도, 법관이 해당 증거의 가치를 낮게 평가하여 이를 사실인정의 증거로 사용하지 않을 수도 있습니다. 그러나 법관도 저자와 동시대를 살아가는 사람으로서, 설마 그때까지 제출한 증거 중 가장 중요한 문서감정서의 결과를 판단 대상에서 아예 제외해 버리는 일이 현실에서 발생할 것이라고는 상상도 하지 못했던 것입니다. 그것은 너무도 부자연스럽습니다.

 너무도 답답하였습니다. 사실인정에 대한 법관의 자유심증 권한을 모르는 바는 아니지만, 이렇듯 명백하고 중요한 증거에 대한 판단까지 생략한 이유는 무엇일까 궁금하였습니다. 저자는 판결서를 받은 직후부터 머리는 그야말로 혼동의 깊은 구렁텅이 속으로 빠져들었고, 온몸에서는 모든 생기가 빠져나가는 듯한 느낌이 들었습니다. 도저히 견딜 수 없어서 담당 주심 판사에게 전화를 하였습니다.

 "판사님, 2007나5221호 사건 피고 측 소송대리인입니다. 판결서를 읽다 보니 마지막에 제출한 필적감정서에 대한 판단이 없는데, 그 이유를 여쭈어봐도 될까요?"

 "아, 그거요. 뭐 별로 중요하지 않은 것 같아서 판단에서 제외하였습니다. 그런데 변호사가 판결에 불만이 있으면 상소를 하면 될 것이지, 이렇게 담당 판사에게 전화를 해도 되는 건가요?"

그렇습니다. 변호사는 법원이 판단한 판결에 불만이 있으면 법에 정한 절차에 따라 불복을 하면 될 것이지, 담당 판사에게 전화를 걸어 그 이유가 무엇이냐고 따져서는 아니 됩니다. 그것은 자칫 우리 헌법과 법률이 금과옥조로 규정하고 있는 법관의 재판독립과 신분보장에 관한 대원칙에 어긋날 수 있는 행동이었습니다.

　아마도 항소심 법원은 기을호 측이 마지막에 제출한 문서감정 결과의 증거가치를 낮게 평가하여 사실인정의 자료에서 제외한 것 같습니다. 기을호 측으로서는 이것이야말로 사건의 본질을 밝힐 수 있는 매우 중요한 증거라고 강조하였습니다. 그럼에도 법원이 이를 탐탁지 않게 여긴다면 그것은 사실을 인정하는 데 필요한 증거 자료의 테이블에 오를 수도 없습니다.

　대한민국 사법 시스템은 법관의 양심을 주축으로 하고 있습니다. 특히 민사소송에서 법관은 변론의 전체 취지와 증거조사 결과를 참작하기만 하면 자유로운 심증으로 사실을 인정할 수 있습니다. 심지어 법원은 증거조사 결과에 반대되는 사실을 인정한 다음, 이를 토대로 법률을 적용하여 판결을 선고할 수 있습니다. 물론 여기에는 증거가치에 대한 자유로운 평가와 이러한 평가를 토대로 한 필요한 증거의 취사선택에 대한 권한까지 포함되어 있습니다. 다시 말하지만, 대한민국 사법 시스템은 법관에 대한 전적인 신뢰를 바탕으로 하고 있습니다.

결국 기을호의 항소는 기각되었고, 송달된 판결서를 아무리 읽어보아도 도대체 왜 기을호의 주장이 번번이 배척되는지는 여전히 미궁입니다. 법원(법관)의 자유심증은 "사회정의와 형평의 이념에 입각한 논리와 경험법칙"이라는 정의의 규준 내에서 형성되어야 하는데, 그 내용과 실체는 무엇인지 도저히 알 수가 없습니다.

저자로서는 제1심과 항소심 판결이 정의의 규준을 한참 벗어났다고 소리 높여 외칠 수는 있지만, 정말로 그것이 정의의 규준을 벗어났는지 여부는 여전히 법원이 판단할 몫이고 권한입니다.

저자는 기을호를 설득하여 대법원에 상고하였습니다. 특히 필적감정 결과에 의하면 '이지학이 현장에서 직접 계좌번호를 계약서에 기재하는 것을 보았다'는 A의 증언은 거짓임을 밝히는 매우 중요한 증거입니다. 그럼에도 불구하고,

항소심 법원은 이에 대한 판단을 누락하였다는 내용도 상고 이유에 포함하였습니다. 그러나 대법원은 4개월도 지나지 않아서 기을호의 상고를 심리불속행 기각하였습니다. 왜 기을호의 상고가 기각되었는지 그 이유는 단 한 줄도 보이지 않는 깜깜이 판결서였습니다.

대한민국의 주권은 국민에게 있지만, 대한민국 사법 시스템은 법원과 법관에 대한 온전한 신뢰와 믿음을 바탕으로 하고 있습니다. 이러한 신뢰와 믿음을 바탕으로 사회는 더욱 안정되고 성숙하게 될 것입니다. 변호사의 일이 이렇게 고달플 줄은 상상도 하지 못하였습니다.

4. A의 위증 고소와 재정신청

저자는 기을호의 동의를 받아 A와 B를 위증 혐의로 수사기관에 고소하였습니다. 특히 A는 증인으로 출석하여 '이지학이 현장에서 직접 계좌번호를 계약서에 기재하는 것을 보았다'고 하였는데, 정작 이 사건 계약서에는 이지학의 글씨가 없었습니다. 정확히 말하면 그러한 내용의 필적감정 결과가 있습니다. 저자의 주장에도 불구하고 방배경찰서는

A에게 위증혐의가 없다고 하면서 불기소의견으로 사건을 검찰에 송치하였습니다. 이유는 관련 민사 판결에서 이 사건 계약서는 기노걸이 작성한 것으로 인정되었기 때문이라고 합니다. 답답함에 기가 막힐 지경입니다. 검찰도 방배경찰서의 의견을 받아들여 그대로 불기소처분결정을 하였습니다. 고등검찰청에 항고하였지만, 서울고등검찰청 역시 마찬가지였습니다.

이즈음 A와 B는 오히려 기을호를 무고죄로 수사 기관에 고소까지 합니다. A와 B는 위증을 하지 않았는데, 기을호가 이들을 위증죄로 고소함으로써 무고하였다는 것입니다. 사법절차가 점점 악의 수렁으로 빠져드는 것 같았습니다.

때마침 저자는 여러 경로를 추적한 끝에 이 사건 계약서에 기재된 글씨의 주인공 C를 찾아내는 데 성공합니다. C는 1999년경 W건설의 등기이사 겸 총무로서 각종 행정 업무를 담당하였다고 합니다. 저자는 C에게 이 사건 계약서를 보여 주었습니다. C는 계약서에 기재된 글씨는 자신의 글씨가 분명하다고 확인해 주었습니다. C는 2000년 1월 즈음 W건설 사무실에서 사장인 이지학이 기노걸의 신상 정보를 알려 주며 토지매매계약서를 작성하도록 시켰고, 이지학이 가지고 있던 기노걸의 막도장을 날인하였다고 하였습니다.

뒤이어 방배경찰서 담당 수사관은 이 사건 계약서에 기재된 글씨가 정말로 C의 글씨인지 확인하고자 국립과학수사연구소에 필적감정 신청을 의뢰합니다. 국과수는 이 사건 계약서에 기재된 글씨는 C의 필체가 분명하다는 결론을 냅니다.

이에 의하면, "2000년 9~10월경 이지학과 함께 기노걸의 자택을 찾아가서 기노걸이 불러주는 계좌번호를 이지학이 직접 계약서에 기재하고, 기노걸이 건네주는 막도장을 계약서에 기재하는 것을 보았다"는 A의 증언은 거짓임이 다시 한번 확인됩니다. 아마도 H건설은 기노걸과 이지학이 사망한 사실에 착안하여 A에게 이와 같은 거짓 진술을 시켰을 수도 있습니다.

기을호는 서울고등검찰청 항고 기각에 불복하여 서울고등법원에 재정신청을 접수하고, 국립과학연구소의 필적감정 결과를 증거로 제출합니다. 서울고등법원은 기을호의 재정신청을 인용하고, A를 아래와 같은 위증 혐의로 기소할 것을 명합니다.

피의자(A)는 2006년 7월 25일 14:00경 서울중앙지방법원 359법정에서, ...선서한 다음 증언함에 있어, 사실은 이지학이 기노걸에게 찾아가 토지매매계약서에 기노걸이 불러주는 계좌번호를 기재하고 기노걸이 건네주는 도장을 날인하는 것을 본 사실이 없음에도 불구하고, '2000년 9월과 10월 사이에 기노걸의 집에 이지학과 함께 찾아가, ... 이 사건 계약서에 이지학은 기노걸이 불러주는 계좌번호를 기재하고 기노걸이 건네주는 도장을 날인하였고 피의자(A)는 이를 모두 지켜보았다'라고 기억에 반하는 허위의 진술을 하여 위증을 하였고,

2006년 11월 28일 같은 장소에서 같은 사건의 증인으로 출석하여 선서한 다음 증언함에 있어 위와 같은 취지의 기억에 반하는 허위의 진술을 하여 위증하였다.

5. A의 위증 형사 사건 결과(서울중앙지방법원 2008고단3739)

검찰은 서울고등법원의 재정결정에 따라 A를 위증죄로 기소합니다.

A를 위해서는 2명의 부장판사 출신 변호사가 투입되었습니다. 아마도 당시 사정으로 봤을 때 H건설에서 변호사를 선임해 주었을 것으로 보입니다.

이 과정에서 이상한 조짐도 발생합니다. 바로 C의 태도였습니다. C는 2008년 4월 4일 저자를 처음 만난 날 곧바로 앞서 본 내용의 사실확인서를 작성해 주었고, 이어서 그 후 A가 기을호를 상대로 고소한 무고죄 사건에 참고인으로 출석하여 이 사건 계약서는 자신이 작성하였으며, 당시 이지학이 가지고 있던 막도장을 날인하였다는 사실을 모두 진술합니다.

그런데 이러한 사실은 어떠한 경로를 통해서인지 H건설 직원 B에게 전달되었고, B는 한때 하청 회사 직원이었던 C를 찾아가 진술 변경을 요구하면서 협조하지 않으면 법적으로 강력하게 대응하겠다고 엄포를 놓습니다. 그 후 C는 2008년 8월경 기을호를 찾아와 진술서 작성 등 보상으로 3,000만 원의 돈을 요구하였고, 2008년 9월경에는 변호사인 저자를 찾아와 200만 원을 차용해 달라고 요구하지만, 모두 거절당합니다.

2008년 12월경 C는 "이 사건 계약서에 기재된 글씨는 자신의 글씨가 맞지만, 당시 이지학이 기노걸의 막도장을 날인하였는지는 기억이 나지 않는다. 저자에게 작성해 준 진술서의 일부 내용은 기억에 반하는 것이다."라는 취지의 새로운 진술서를 작성해서 B에게 교부하였고, B는 이를 A의 형사 위증 재판에 증거 자료로 제출합니다.

그 후 C는 2009년 1월 위 형사 공판 기일에 증인으로 출석하여 "안천식 변호사의 협박으로 진술서를 작성해 주었다. 자신은 오로지 돈을 받을 목적으로 거짓 내용의 진술서를 작성해 준 것이다."라고 진술하였습니다. 이어 그는 "안천식 변호사에게 진술서를 작성해 줄 때는 그 내용이 사실인 줄 알았는데, 나중에 생각해 보니 사실이 아닌 것도 있었다."라고 하는 등 도무지 종잡을 수 없는 모순된 태도를 보입니다. 누가 보아도 H건설과 B의 사주에 의하여 거짓 증언을 하고 있음이 뚜렷했습니다.

서울중앙지방법원은 A의 위증죄에 대하여 어떤 판결을 선고하였을까요?

요약하면, "A는 이지학과 함께 기노걸 자택으로 찾아가 기노걸이 불러주는 계좌번호를 이지학이 현장에서 토지매매계약서에 기재하는 것을 보았다"는 증언(약칭 '계좌번호 기재 진술'이라 함)은 위증죄의 유죄로 인정하여 벌금 500만 원을 선고합니다. 하지만, "A는 이지학과 함께 기노걸을 찾아가 기노걸이 건네주는 도장을 이지학이 현장에서 토지매매 계약서에 날인하는 것을 보았다"는 증언(약칭 '도장 날인 진술' 이라 함)은 C가 형사 법정에서 진술을 번복하였으므로 허위로 단정할 수 없다는 이유로 **무죄**로 판시합니다.

같은 장소, 일련의 계약 체결 과정에서 발생한 '계좌번호 기재 사실'과 '도장 날인 사실'을 분리하여 전자에 대하여는 위증죄 유죄, 후자에 대하여는 무죄라는 정반대의 결론을 도출해 낸 것입니다. 셰익스피어의 희곡 〈베니스의 상인〉에 나오는 저 유명한 고리대금업자 샤일록마저도 살(肉)과 피(血)를 분리해 내는 것을 포기하였습니다. 하물며 자유심증주의라는 최첨단 기술을 장착한 대한민국 법관은 안토니오의 몸에서 피 한 방울도 떨어뜨리지 않은 상태로 그의 살 1파운드를 정교하게 도려내고야 말았습니다. 참으로 그 누구도 흉내내기 어려운 정교하고 세밀한 재판 기술의 비밀은 자유심증주의라는 수술 도구였습니다. 아마도 대한민국 법관의 우수성은 충분히 세계만방에 자랑하고도 남을 것만 같습니다.

그렇습니다. 형사소송에서 사실의 인정은 증거에 의하여야 하고, 범죄사실의 인정은 합리적인 의심이 없는 정도의 증명에 이르러야 합니다(형사소송법 제307조). 그렇지만 증거의 증명력은 법관의 자유판단에 의합니다(형사소송법 제308조).

'이지학이 기노걸이 불러주는 계좌번호 기재하는 것을 보았다'는 A의 증언은 필적감정 결과라는 증거로 인하여 허위라는 사실이 객관적으로 증명되었습니다. 이것은 누구도 부인할 수 없습니다. 그러나 '이지학이 기노걸의 도장을 날인하는 것을 보았다'는 증언도 거짓인지가 문제입니다. 법원은 이에 대하여 A의 "도장 날인 진술"은 이를 거짓이라고 인정할 만큼, 즉 거짓이라는 사실에 대한 합리적인 의심에 침묵을 명할 정도로 충분히 증명력이 있는 다른 증거가 없다고 판단한 것입니다.

다시 말하면, '이지학이 기노걸이 불러주는 계좌번호를 기재하는 것을 보았다'는 A의 증언이 허위라는 사실은 증명되었지만, 이것만 가지고 '이지학이 기노걸의 도장을 날인하는 것을 보았다'는 증언도 거짓이라고 단정할 수 없다고 판단한 것입니다. 마찬가지로 허창의 계약서가 위조되었다는 사실에 관한 증거도 도장 날인 진술이 거짓으로 단정할 만한 증거가 될 수 없다고 합니다. 그러면 "A의 도장 날인"

증언이 거짓이라는 사실을 입증하려면 어떤 증거가 필요할까요? A가 이를 부인하는 한 방법이 없는 것일까요?

만약 C가 진술을 번복하지 않았다면 어떻게 되었을까요? 그러면 법원은 A의 "도장 날인 진술"을 거짓으로 판단하여 위증죄의 유죄를 선고하였을까요? 그것은 알 수 없습니다. 법관의 자유심증으로 C 증언의 증명력을 얼마만큼 인정할지에 따라 달라질 것입니다. 마찬가지로 C의 증언이 번복되었다고 하여 반드시 A의 "도장 날인 진술"이 무죄라는 공식도 성립하지 않습니다. 이에 대하여 법관이 A의 진술 번복 경위와 허창의 계약서 위조 사실 등을 종합하여 여기에 증명력을 부여하면 A는 위증죄 유죄 판결을 받았을 것입니다.

결국 법원은 A의 도장 날인 진술을 번복하였다는 이유로 "도장 날인 진술"에 대한 증명력을 인정하지 않았지만, 그것은 법관의 자유심증주의에 의한 판단이었고, 이는 법관의 고유 권한입니다.

증거의 증명력을 법관의 자유판단에 의하도록 한 것은 그것이 사건의 실체적 진실 발견에 적합하기 때문입니다. 대한민국 사법 시스템은 법관의 양심을 전적으로 신뢰하는 바탕 위에서 설계되었고, 개별 재판과정에서 사실인정과 증거가치의 평가는 법관의 자유판단에 맡기면 가장 진실하고 정의로운 판결을 선고하게 될 것이라는 믿음을 토대로 하고 있습니다. 따라서 법관은 논리와 경험칙이라는 정의의 규준을 벗어나지 않는 범위에서 자유롭게 증명력을 판단할 수 있는 것이며, 이와 같은 법원의 판단은 존중받아야 합니다.

예컨대 어떠한 사망사건에서 피고인의 옷과 몸에서 피해자의 혈흔이 발견되고 버려진 칼에서 피해자와 피고인의 혈흔이 발견되었더라도, 법원은 피고인이 정말로 피해자를 칼로 찔렀다는 직접적인 증거가 발견되지 않았다는 이유로 무죄를 선고할 수도 있습니다. 물론 이와 같은 법원 판단은 마땅히 존중받아야 합니다. 법관은 조사된 모든 증거 자료를 종합하여 자유롭게 증명력을 판단할 수 있고 오로지 진실과 정의에 기반한 판결을 할 것으로 믿어야 하기 때문입니다.

이 사건에서 '이지학이 기노걸이 불러주는 계좌번호를 기재하는 것을 보았다'는 A의 진술은 거짓임이 객관적으로 밝혀졌습니다. 그렇다면 동일한 과정에서 언급된 '기노걸이 건네주는 도장을 이지학이 날인하는 것을 보았다'는 A의 진술도 거짓일 개연성이 상당히 높습니다. 특별히 A가 도장 날인에 관하여는 사실대로 진술하면서 유독 계좌번호 기재 사실을 허위로 진술할 만한 이유는 없기 때문입니다. 그럼에도 담당 법관이 증거의 가치를 자유롭게 평가한 결과, A의 도장 날인 관련 진술은 거짓이 아닐 수 있다고 판단한다면, 그러한 판단은 존중되어야 합니다. 아무래도 고리대금업자에 불과한 샤일록보다는 법관이 훨씬 더 정의롭고 공정하며 능력도 있을 것입니다.

다만 피해자인 기을호로서는 제1심 형사 법원의 이러한 판단이 과연 '논리와 경험법칙'이라는 정의의 규준에 맞는 것인지에 의문을 제기할 수 있고, 불복 절차를 통하여 항소심에서 다시 심리를 받을 수 있는 기회가 주어져야 할 것입니다. 자칫 억울할 수도 있는 기을호에게 최소한 이 정도의 기회는 보장해 주어야 대한민국을 민주국가, 법치국가라고 할 수 있을 것 같습니다.

저자는 피해자 기을호 변호사로서, 공소유지 담당 검사에게 항소를 요청하였습니다. 항소 이유를 서면으로 조목조목 적시하여 정식으로 항소를 요청하였습니다. A가 법정에서 한 진술의 위증 여부는 민사소송 과정에서 매우 중요한 부분을 차지하고 있고, A는 형사소송 막바지에 '계좌번호 기재 사실'에 대한 위증 범죄사실을 인정한 것 외에 시종일관 범죄 혐의를 부인하였었고, 그럼에도 위증죄 유죄의 형량은 겨우 벌금 500만 원에 불과하다는 것도 이해하기 어렵습니다. 특히 법원은 A의 도장 날인 관련 증언에 대하여는 무죄로 판단하였으므로 이에 대하여는 마땅히 항소심에서 다시금 판단 받아 볼 필요가 있다는 등 구구절절한 이유가 담긴 서면을 제출하였습니다.

그러나 검찰은 제1심 형사 판결 후 일찌감치 항소를 포기해 버립니다. 공소유지 검사는 전화 너머로 "제1심 형량도 적절하고, 항소해 봐야 소용없을 것 같다"고 하였습니다. 검찰이 항소장을 제출하지 않으면, 피해자인 기을호는 할 수 있는 것이 없습니다. 온갖 우여곡절 끝에 기소된 A의 위증 혐의는 이렇게 형사 제1심판결을 끝으로 확정되고 맙니다. 기을호로서는 참으로 어이가 없고 힘이 빠지는 일입니다. 불복 절차는 일종의 구체적 타당성을 보강하기 위한 절차인데, 검찰의 항소 포기로 기을호는 더 이상 의혹을 해소할 방법도, 이를 다투어볼 여지도 없어졌기 때문입니다. 정상적인 사법절차의 기회가 허락되지 않은 사회가 정의로운 사회라고 할 수 있을지, 그러한 판결 결과를 정의로운 결과로 받아들여야 하는 것인지에 대한 의문이 쓰나미처럼 밀려옵니다.

설마 H건설 등은 이 모든 일을 사전에 치밀하게 관리한 것일까요? 설마 법치국가인 대한민국에서 그런 볼썽사나운 일들이 발생하였을 리는 없었을 것입니다. 이것은 아마도 저자의 망상에 가까운 자책에 불과할 것입니다.

참고로, 성경에는 위증하는 자에 대한 다음과 같은 구절이 있습니다.

> 만일 위증하는 자가 있어 어떤 사람이 악을 행하였다고 말하면, 그 논쟁하는 쌍방이 같이 하나님 앞에 나아가 그 당시의 제사장과 재판장 앞에 설 것이요. 재판장은 자세히 조사하여 그 증인이 거짓증거하여 그 형제를 거짓으로 모함한 것이 판명되면, 그가 그의 형제에게 행하려고 꾀한 그대로 그에게 행하여 너희 중에서 악을 행하라. 그리하면 그 남은 자들이 듣고 두려워하여 다시는 그런 악을 너희 중에서 행하지 아니하리라. <신명기 19:16~21>

H건설이 기을호를 상대로 이 사건 토지의 소유권 이전을 청구하는 사건에 A는 증인으로 출석하여 위증을 하였고 위

증죄 유죄가 인정되었습니다. 그러나 A에게 선고된 형량은 겨우 벌금 500만 원이었고, A의 위증 사실에도 불구하고 H건설은 여전히 기을호 소유의 이 사건 토지를 헐값에 이전받아 갔습니다.

성경은 '그 남은 자들이 듣고 두려워하여 다시는 그런 악을 너희 중에서 행하지 아니하리라'고 합니다. 그런데 이 사건에서 법원이 A와 H건설, 그리고 기을호에게 선고한 판결 내용을 보면, 과연 대한민국 사회에서 앞으로 이러한 악(위증 행위)이 근절될지는 매우 의문입니다.

6. 제1차 재심 사건(서울고등법원 2009재나372)

2009. 6. 4. 저자는 기을호를 대리하여 서울고등법원 2009재나372호로 재심소장을 접수하였습니다. 민사소송법 제451조 제1항 제7호에는 "증인의 거짓 진술이 판결의 증거가 된 때"에는 재심을 청구할 수 있다고 규정하고 있습니다.

A는 제1심 변론기일 중에 증인으로 출석하여 "2000년 9~10월경 이지학과 함께 기노걸의 자택을 찾아갔고, 기노

걸은 안방에서 통장과 도장을 가지고 나와 거실에 있는 이지학에게 계좌번호를 불러 주어 이지학은 직접 이를 계약서에 기재하였고, 이어서 기노걸이 건네주는 막도장을 계약서에 날인하는 것을 지켜 보았다"라고 진술하였습니다.

제1심법원은 자유심증을 최대한 동원하여 A의 진술을 모두 사실로 인정하면서 다음과 같이 판시한 바 있습니다.

(3) 기을호는 이 사건 계약서에 기재된 농협 241084-56-002254 계좌는 1997년 9월 24일 예금계약이 해지되어 폐쇄된 계좌라고 주장하나, 계좌번호는 통장의 첫 장을 넘기면 바로 알 수 있지만 계좌의 폐쇄 여부는 통장의 마지막 면을 보아야 알 수 있는 관계로, 이 사건 계약 당시 75세의 고령으로 병석에 누워 있던 기노걸이 착오로 폐쇄된 계좌번호를 불러줄 가능성도 존재한다.

(4) 만약 H건설, Y건설 혹은 이지학이 D건설로부터 받았거나 매매계약 대행 과정에서 이미 알고 있던 기노걸의 계좌번호를 이용하여 이 사건 계약서를 위조하였다면 위와 같이 폐쇄된 계좌가 아니라 2차 중도금이 지급된 계좌번호를 적었을 것이다. 결국 위와 같이 제출된 증거만으로는 <증인A>의 증언 등을 뒤집고 이 사건 계약서 등이 위조되었다고 인정하기에 부족하다.

제1심법원은 객관적인 증거의 부족에도 불구하고 법관의 자유심증으로 "기노걸이 통장을 보고 계좌번호를 불러주는 것을 이지학이 직접 계약서에 기재한 사실"을 인정하였던 것입니다. 그런데 이 사건 계약서에 기재되어 있는 계좌번호 글씨는 이지학의 글씨가 아니라 C의 글씨임이 밝혀졌습니다. A는 법정 증언에 앞서 진실만을 말하겠다고 선서까지 하였음에도 거짓말을 한 사실이 드러났고, 이에 대하여 위증죄의 유죄 판결까지 확정되었습니다. 즉 "증인의 거짓 진술이 판결의 증거"가 되었음이 확인되었고, 이는 민사소송법 제451조 제1항 제7호의 재심사유에 해당합니다.

C의 진술서와 형사 법정에서 오락가락한 증인신문조서도 증거로 제출되었습니다. 2000년경 향산리 주민 4명과 H건설 명의로 된 토지매매계약서가 위조된 사실에 대한 증거도 제출되었습니다. 당시 H건설을 대리한 이지학은 은행 직원을 속여 향산리 주민 4명의 차명계좌를 만든 다음, 향산리 주민 4명 명의의 가짜 토지매매계약서를 작성하여 이를 H건설에 교부한 뒤, 미리 만들어 둔 차명계좌로 계약금과 중도금을 지급받은 사실이 있었습니다(4명의 토지에는 H건설이 처분금지 가처분을 함). 그런데 2001년 5월경 이지학이 사망하면서 관련 토지매매계약서 위조 사실이 드러났고, H건

설도 이를 인정하고 해당 토지에 대한 가처분을 모두 취소해 준 사건이 있었습니다. 저자는 2000년 당시 김포 고촌면 일대에는 이러한 계약서 위조 사건이 드물지 않게 존재하였었다는 정황을 입증하고자 증거로 제출하였습니다.

특히 C에 대한 증인신문은 가관이었습니다.

C는 2008년 4월 4일 처음으로 저자의 사무실을 방문하여 이 사건 계약서에 대한 진술서를 작성해 주었고, 2008년 4월 18일에는 방배경찰서에 참고인으로 출석하여 진술하면서 필적감정 신청에도 협조하였습니다. 그런데 어떻게 알았는지 2008년 6월경에 H건설 직원 B는 C를 찾아와서 진술서 내용을 번복해 달라고 요청합니다. C가 이를 거절하자 '그러면 우리도 가만히 있지 않겠다.'는 협박을 하기도 하였다고 합니다.

2008년 8월경 C는 기을호를 찾아가 너무 힘드니 보상금으로 3,000만 원을 보상해 달라고 요청합니다. 2008년 9월에는 변호사인 저자를 찾아와서 '너무 어려우니 돈 200만 원을 차용해 달라.'고도 합니다. 기을호와 저자는 이를 거절합니다. C는 중요한 증인이므로 금전 문제로 엮이면 나중에 낭패를 보게 될 것을 염려한 것이었습니다.

2008년 12월 C는 "이지학이 이 사건 계약서에 기노걸의 막도장을 날인하는 것은 보지 못했다."라는 진술서를 작성해서 B에게 주었고, B는 이를 A의 위증 사건 형사 법정에 증거로 제출합니다.

2009년 1월 C는 형사 법정에 증인으로 나왔고 진실만을 말하겠다고 선서하고 난 뒤, 진술을 수시로 번복하는 등 우왕좌왕하는 모습이 역력하였습니다. 처음 A측 변호사의 신문에서는 "이지학이 이 사건 계약서에 기노걸의 막도장을 날인하였다는 말은 하지도 않았었는데 변호사인 저자가 이를 임의로 진술서에 기재해 넣었다."라고 하였습니다. 그러다가 뒤에 검사와 판사가 이 점에 대하여 재차 신문하자 "증인이 그러한 말을 한 것은 사실이고, 변호사인 저자는 증인의 그런 말을 그대로 진술서에 기재한 것도 사실이지만, 나중에 생각해 보니 그 진술은 사실이 아니다."라고 진술을 번복하기도 하였습니다.

2009년 5월 22일 서울중앙지방법원 형사 법원은 C의 번복된 증언을 이유로 '이지학은 기노걸이 건네주는 도장을 날인하는 것을 보았다.'는 A의 도장 날인 진술은 허위라고 단정할 수 없다고 하면서 무죄를 선고한 바 있습니다. 그 후

2009. 6. 4. 서울고등법원 2009재나372호 재심소송이 접수되었고 C는 재심 소송에서도 증인으로 출석한 것입니다.

　재심 소송에서 증인으로 출석한 C의 태도는 너무도 당당하였습니다. 지난번 형사 법정에서의 태도와는 전혀 딴판이었습니다. 노골적으로 H건설에게 유리한 증언만을 고집하며, 종전 형사 법정에서 하였던 기을호에게 유리한 증언은 모두 뒤집었습니다. 예컨대 지난 형사 법정에서 "이지학은 2000년 당시 주민동의서 작성을 위해 향산리 주민들의 막도장을 가지고 있었다."라고 하였는데, 재심 소송 법정에서는 이러한 진술마저도 뒤집었습니다. 그런 사실은 없었거나 모른다는 것입니다.

　C는 2000년 4월 4일 저자의 서초동 사무실을 방문한 목적은 오로지 돈을 받기 위해서였다고 하였습니다. 처음부터 이지학이 이 사건 계약서에 기노걸의 막도장을 날인하지 않았다는 사실을 알고 있었지만, 오로지 돈을 받을 목적으로 거짓 진술서를 작성해 주었다고도 하였습니다. 또한 C는 저자를 마지막으로 찾아온 것은 B를 만나기 전인 2008년 6월 초경이며, 2008년 6월 말경 B를 만난 이후에는 저자를 찾아온 사실도 없었고, 돈 200만 원을 차용해 달라고 부탁한 사

실도 없었다고 하였습니다. 기을호의 소송대리인으로서 저자가 확인하려는 사실들은 모두 부인하였습니다.

2008년 9월경 저자는 C에게서 한 통의 전화를 받았습니다. C는 다음날 급히 방문해서 꼭 말할 것이 있다고 하였습니다. 저자로서는 갑작스러운 C의 전화에 당황하였습니다. 시기적으로 2008년 8월경 C는 기을호를 찾아가 돈 3,000만 원을 요구하였다가 거절당한 사실이 있었습니다. 당시 저자는 기을호에게 C는 중요한 증인이므로 함부로 금전거래 등 약속을 해서는 아니 된다고 충고를 하기도 하였습니다. C의 전화를 받은 저자는 어쩌면 C가 이미 H건설의 유혹에 넘어갔을 수도 있을 것으로 생각하였습니다. 이에 저자는 다음날 C와의 대화 내용을 모두 녹음해 두었습니다.

저자는 재심 법정에서 C와의 대화 녹취록과 녹음 파일을 증거로 제출하였습니다. 녹취 내용에는 C가 2008년 9월경 방문한 사실과 저자에게 돈 200만 원을 차용해 달라는 내용이 그대로 담겨 있습니다. 재판장이 녹취록을 받아들고 C에게 신문을 하자 C는 잠시 혼비백산하는 것처럼 보였습니다. 그러나 곧바로 2008년 9월에 저자를 찾아간 사실이 없고, 저자를 찾아간 것은 2008년 6월 B를 만나기 전이 마지막이었다고 하였습니다. 마치 그렇게 주장하면 누가 알아서 그것을 사실로 만들어 줄 것이라고 믿는 것 같았습니다.

또한 C는 재심 법정에서 2008년 6월 말 즈음 H건설 직원 B를 처음 만났었는데 그 자리에서 곧바로 "2008년 4월 저자에게 진술서를 작성해 준 것은 변호사인 저자의 협박과 기을호의 회유 때문이었고, 자신은 오로지 돈을 받을 목적으로 거짓 진술서를 작성해 준 사실을 B에게 모두 말해 주었다."라고도 하였습니다.

뒤이어 B에 대한 증인신문이 계속되었습니다. 아이러니하게도 B는 이에 대하여 2008년 6월경 처음 B를 만났을 때, B는 자신이 저자에게 작성해 준 진술서 내용이 사실이라고 우겼다고 합니다. 이에 B가 Y건설에서 2000년 7월 28일에 기노걸에게 통지서를 보낸 사실이 있는데 어떻게 2000년 1월에 계약서를 작성할 수 있느냐고 따지자 C는 곤혹스러워하며 만나 주지도 않으려 하였다고 합니다. 이에 B는 "우리도 가만히 있지 않겠다."고 으름장을 놓기도 하였다는 것입니다. 그러면서 B는 "C가 저자에게 써 준 진술서에 일부 허위가 있었다는 말은 그로부터 한참 뒤인 2008년 12월경"이라고 하였습니다.

참으로 아이러니한 것은 C의 법정 진술 태도였습니다. C는 B와의 사이에 이 정도의 말도 맞추지 않고서 증인으로 출석했고, 선서까지 하고서도 H건설에 유리하고 기을호에게 불리하다고 여겨지는 말이면 아무 말이나 마구 내던지는 태도를 보였습니다. C는 앞서 A의 위증 형사 법정에서도 이와 같은 태도를 보인 사실이 있는데, 재심 법정에서는 이러한 태도가 한층 더 자신만만하고 심각해진 상태였습니다.

앞서 법원은 C의 모순된 증언에도 불구하고 오히려 C의 법정 증언을 이유로 피고인 A의 "도장 날인 진술에 무죄"를 선고한 바 있습니다. 아마도 C는 이러한 재판 판결 결과에 무척 고무된 듯 보였습니다. 마치 C 자신이 아무리 앞뒤가 모순된 증언을 쏟아내어도 법원(법관)이 알아서 자유심증의 권한을 활용하여 불필요한 증언은 걸러줄 것으로 생각하는 듯 보였습니다.

누가 보아도 C의 진술은 엉터리였고 거짓임이 뚜렷했습니다. 오죽하면 뒤에서 재판을 지켜보던 다른 변호사가 저자를 향해 "변호사님, 이건 너무 심합니다. 힘내세요."라고 작은 목소리로 응원해 주기도 하였습니다.

자유심증주의

판결 선고를 앞두고 갑자기 조정일정이 잡혔고, 조정이 결렬 위기에 이르자 담당 수명법관(주심법관)은 "C가 이렇게 엉터리로 진술하고 있는데 이걸 도대체 어쩌란 말인가!"라고 혼잣말로 중얼거리기도 하였습니다. 저자는 이러한 일련의 과정을 처음부터 끝까지 모두 지켜 보았고, 설마 재판부가 무소불위로 우왕좌왕하였던 C의 법정 증언에 증거가치를 부여할 줄은 꿈에도 생각하지 못했습니다. 법관의 자유심증의 위력이 아무리 대단하더라도 설마 그렇게까지 하리라고는 짐작조차도 하지 못했습니다. 그러니 판결의 결과는 충격 그 자체였습니다. 이에 대하여 더욱 자세한 내용은 저자가 쓴 책 〈고백 그리고 고발〉을 참조하여 주시기 바랍니다.

2010년 3월 24일 판결이 선고되었습니다. 그동안 수명법관 겸 주심 판사로 재판을 진행해 온 배석 판사는 법관 인사 등을 이유로 교체된 상태였습니다. 즉, 재판장을 제외한 2명의 배석 판사는 모두 교체된 상황에서 판결이 선고되었고, 기을호의 재심청구는 기각되었습니다.

그 주요 이유는 다음과 같습니다.

(1) 민사소송법 제451조 제1항 제7호 소정의 재심 사유인 '증인의 거짓진술이 판결의 증거가 된 때'라 함은 증인의 거짓진술이 판결주문에 영향을 미치는 사실인정의 자료로 제공되어 만약 그 거짓진술이 없었더라면 판결주문이 달라질 수 있는 개연성이 인정되는 경우를 말하는 것이므로, 그 거짓진술이 사실인정에 제공된 바 없다거나 나머지 증거들에 의하여 쟁점 사실이 인정되어 판결주문에 아무런 영향을 미치지 않는 경우에는 비록 그 거짓진술이 위증으로 유죄 확정판결을 받았다 하더라도 재심 사유에 해당하지 않는다.

(2) 제1심 증인 <증인A>의 증언 내용 중, "토지 매매계약서상의 계좌번호는 계약서 작성 당시 기노걸로부터 직접 듣고 이재학이 기재한 것으로 기억한다. 계좌번호는 기노걸로부터 듣고 현장에서 적은 것이다. 기노걸이 불러주는 대로 이재학이 적는 것을 틀림없이 봤다. 증인이 참여한 가운데 기노걸이 불러주는 계좌번호를 기재하였기 때문에 이재학이 임의로 기재했다는 것은 있을 수 없는 것으로 알고 있다. 증인이 옆에서 보고 있었고 이재학이 직접 썼다"는 부분에 대하여는 위증으로 판명되었으나, "당시 기노걸은 노환으로 몸이 불편하여 서랍에서 도장을 가져와 이재학에게 주었고, 이재학은 건네받은 도장으로 기노걸의 이름과 주소, 주민등록번호를 미리 기재하여 가지고 온 토지 매매계약서에 날인을 하였으며, 증인은 옆에서 이를 모두 지켜보았다. 기노걸이 서랍에서 꺼낸 도장은 막도장이었다. 기노걸이 피고의 친구인 이재학에게 반말로 도장이 여기 있으니 찍으라고 하였다. 기노걸이 도장

을 준 것이 맞다"라는 부분에 대하여는 증거불충분으로 무죄
가 선고되었다.

(3) 이 사건 계약서의 진정성립을 인정하기에 이른 경위와
위에서 본 제1심 증인인 <증인A>의 증언, 그중 무죄로 된 진
술 내용 및 유죄로 인정된 허위진술 내용에 비추어보면, <증
인A>의 증언 중 허위의 진술로 인정된 부분은 이 사건 계약
서의 진정성립에 관한 간접적인 사항으로서 토지 매매계약서
에 기재된 계좌번호가 당시 이미 폐쇄된 계좌의 번호임이 밝
혀져 그 증명력이 약한 반면, 오히려 무죄로 된 진술 내용은
이 사건 계약서의 직접적인 사항으로서 증명력이 높은 것이
어서 유죄로 인정된 <증인A>의 허위진술 부분을 제외한 나
머지 증언 및 변론 전체의 취지에 의하더라도 그 진정성립을
인정하기에 충분하므로, 결국 <증인A>의 위증 부분은 재심
대상 판결의 사실인정과 판결주문에 아무런 영향을 미친 바
없다.

(4) 한편, 이 사건 계약서가 위조되었다는 피고(기을호)의
주장에 부합하는 <증인C>의 2008년 4월 4일자 진술서와
2008년 4월 18일자 참고조서의 각 기재는 재심 후 당심 증인
인 <증인C>의 증언 및 2009년 12월 18일자 인증서(진술서)
의 기재에 비추어 믿기 어렵고, 재심 후 당심에서 증거까지
살펴보아도 달리 이를 인정할 만한 증거가 없다.

– 서울고등법원 2009재나372호 판결서

- 재심 법원의 판결 이유 역시 법관의 자유심증을 한껏 뿜
  어낸 걸작이었습니다. 즉, 먼저 〈증인A〉의 증언 중 허
  위 진술로 인정된 "계좌번호 기재 관련 진술"은 ① 계좌
  번호 기재 내용은 이 사건 계약서의 진정성립에 관한 간
  접적인 사항인 점과, ② 토지매매계약서에 기재된 계좌
  번호가 당시 이미 폐쇄된 계좌번호임이 밝혀졌었다는 점
  등 2가지 이유를 들어 증명력이 약하다고 판단합니다.

- 먼저 ① 부분에 대하여 보면, 재심 법원은 계약서의 진
  정성립은 명의인(기노걸)이 그 의사에 따라 계약서에 도
  장을 날인하였는지 여부에 따라 좌우되는데, 계좌번호
  기재 진술은 도장 날인과는 직접적인 관계가 아닌 간접
  적인 관계에 있는 것이므로 이 부분에 대한 거짓 진술이
  확인되어도 증명력이 약하다는 것입니다.

이러한 법원 판결에는 의문이 있습니다.

왜냐하면 이 사건 계약서의 진위에 대한 객관적인 증거는
전혀 없는 상태였고, 오로지 자칭 유일한 목격자라고 하는
A의 증언만이 있을 뿐이었습니다. 그런데 자칭 유일한 증
인이라는 A의 진술 중 구체적인 계약 체결 과정과 관련한
진술이 거짓으로 판명되어 위증죄의 유죄로 확정되었다면,

자유심증주의

A의 나머지 증언은 객관적인 증거에 뒷받침이 없는 한 그 진실성을 담보할 수 없게 됩니다. 따라서 A의 구체적인 계약 과정에 대한 진술은 그것이 '계좌번호 기재에 관한 것'이든 '도장 날인에 관한 것'이든 상관없이 그것이 객관적으로 명백한 거짓으로 확인되었는지가 중요합니다. 게다가 그러한 거짓 진술이 위증죄의 유죄로 확정되기까지 하였다면 그 자체로 A의 모든 증언에 대한 증명력은 치명적인 상처를 받을 수밖에 없습니다. 즉, A가 증인으로 출석하여 진실을 말하겠다고 선서까지 하였는데도 불구하고 왜 명백한 거짓 진술을 하였는지가 문제가 될 뿐, 그러한 거짓 진술이 반드시 '도장 날인 관련 진술'일 경우에만 문제가 되는 것은 아닙니다.

만일 재심 법원 판결 이유와 같은 태도라면, A는 자칭 유일한 증인이라고 하면서 "도장 날인 부분의 진술을 강조하기 위해서" 그 이외의 구체적인 계약 체결 과정에 대한 진술은 얼마든지 허위로 조작하여도 된다는 논리가 성립할 것입니다. 이러한 판단은 너무도 위험할 뿐만 아니라 도저히 경험칙과 논리칙에 바탕을 둔 자유심증의 범위에서 내린 판단이라고 하기가 어렵습니다.

요약하면, 재심 법원은 자칭 유일한 증인 A의 증언 자체의 신빙성을 가장 먼저 판단하였어야 함에도 불구하고 이를 외면하면서, 오로지 A가 거짓 진술로 위증죄 유죄 확정판결을 받은 부분이 어떤 부분인지만을 판단 대상으로 하는 것은 그야말로 '손바닥으로 하늘을 가리는 것'과 같은 처사라고 할 것입니다.

- 또한 ② 부분과 관련하여 "토지매매계약서에 기재된 계좌번호가 당시 이미 폐쇄된 계좌번호임이 밝혀졌었다."라는 부분도 왜곡된 측면이 있습니다.

왜냐하면 제1심 및 제2심법원은 이 사건 계약서에 기재된 계좌번호가 폐쇄된 것임이 밝혀졌음에도 불구하고 오히려 "당시 기노걸은 75세의 고령으로 병석에 누워있던 상태였으므로 착오로 폐쇄된 계좌번호를 불러줄 **가능성**도 존재한다."고 판시하면서 A의 증언에 한층 높은 증명력을 부여하였었기 때문입니다.

다시 말하면, 당시 제출된 증거에 의하면 75세의 기노걸이 병석에 누워있었다는 객관적인 증거도 없었고, 기노걸이 착오로 폐쇄된 계좌번호를 불러주었다는 사실을 증명할 증거도 전혀 없었습니다. 하지만 그야말로 제1,2심 법원(법관)은 자유심증주의를 한껏 뿜어내면서 기노걸은 병석에 누워있었다고 사실을 확정하고, 또한 기노걸은 착오로 폐쇄된 계좌번호를 불러 주었다는 A의 진술을 사실로 확정하면서 이 사건 계약서는 기노걸이 작성한 것으로 인정한 것입니다.

그런데 재심 법원에는 기노걸이 착오로 계좌번호를 불러준 사실이 없다는 객관적인 증거가 제출되었고, 이와 관련한 A의 증언은 거짓으로 드러난 것입니다. 법원이 명백히 잘못 판단한 것이고, 자유심증주의가 한계를 이탈하였다는 사실이 확인된 것입니다. 참고로, 기을호는 제2심 변론 종결 전에 이 사건 계약서에 기재된 글씨는 이지학의 글씨가 아니라는 필적감정서까지 제출하였지만, 법원은 자유심증을 뿜으면서 이에 대한 판단도 생략한 바 있습니다.

그런데 재심 법정은 이미 사실심(항소심)에서 계좌번호가 폐쇄된 사실이 확인된 점만을 부각하며 기존 판결에는 별다른 문제가 없다는 식으로 덮어버리면서, 제1,2심 법원이 자유심증주의를 잘못 발동하여 허위의 사실을 진실로 둔갑시킨 점에 대하여는 일언반구의 언급도 하지 않습니다. 마치 제1,2심 법원이 아무리 자유심증주의를 잘못 뿜어냈더라도, 이는 재심 법원의 자유심증으로 충분히 덮을 수도 있다는 태도로 보입니다.

법원의 자유심증주의가 이렇듯 광범위하고 한계가 없이 작동한다면 이는 분명히 문제가 있습니다. 물론 그러한 판결도 정의의 제1요소인 법적 안정성을 부여받으면서 효력을 발생시키고 통용되기는 하겠지만, 정의의 제2요소인 구체적 타당성 측면에서 너무도 문제가 많기에 정의로운 판결이라고 할 수 없기 때문입니다.

만일 법원이 이렇듯 정의의 내용을 마음대로 조정할 수 있다면 그 자체로 대한민국 사회에서 무서운 권력자로 군림하고 있는 것으로 보아야 합니다. 법원의 이러한 모습은 법관에 대한 무한 신뢰를 바탕으로 하는 대한민국 사법 시스템과는 조화될 수 없다는 점에서 엄중하게 지적되고 개선되어야 합니다.

- 재심 법원은 무죄로 판단된 "도장 관련 진술 내용"은 이 사건 계약서의 직접적인 사항으로서 증명력이 높다고 판단한 것도 문제입니다.

형사 법원이 A의 도장 관련 진술을 무죄로 판단한 이유는 '`A의 도장 관련 진술 내용`'이 진실임이 증명되었기 때문이 아니라, 이를 위증죄 유죄로 확신할 정도의 거짓 진술이라고 단정할 수 없다는 법관의 자유판단에 따른 것입니다. 형사 판결서에는 이러한 취지가 분명하게 설시되어 있었습니다. 다시 말하면 제출된 증거조사 결과에 의하면, A의 도장 날인 관련 진술도 거짓일 개연성에 의심이 가는 것은 사실이지만, 그럼에도 법관이 위증죄의 유죄라고 확신할 만큼의 정도에는 이르지 못하였다는 취지였습니다.

형사 판결의 취지를 종합하면, 이미 '`계좌번호 관련 진술`'이 거짓임이 확인된 만큼, A의 도장 관련 진술 내용도 거짓일 개연성을 매우 높게 평가하고 있습니다. 다만 위증죄 유죄로 판단할 정도에 이르지 못하였을 뿐입니다. 이러한 형사 판결의 전체 취지를 종합하면, A의 도장 날인 관련 진술의 증명력은 제한적일 수밖에 없습니다.

그런데 재심법원은 이러한 전체 맥락과 판결 이유는 외면하면서, 오로지 A의 도장 날인 관련 진술이 위증죄의 무죄로 선고되었다는 결론에만 집착하여 곧바로 증명력이 강하다고 결론을 내려 버립니다.

물론 증거의 취사선택과 증거의 가치평가 및 증명력에 관한 판단은 법관의 자유 영역입니다. 그러나 자유심증의 영역이라고 법관에게 무제한의 자의(恣意)를 허용하는 것은 아니며, 일반 경험법칙과 논리법칙이라는 한계를 준수해야 합니다. 이러한 한계 설정도 결국 법원과 법관이 판단하게 될 몫입니다. 다만, 일반 국민으로서 도저히 이해할 수 없는 법원의 판단이 빈번할 발생할 경우, 법관에 대한 신뢰는 상당한 타격을 받게 된다는 점을 무겁게 받아들여야 할 것입니다. 이는 단순히 개개 사건에 국한된 문제가 아니라, 우리 사회의 존립 자체를 위태롭게 할 수 있는 사회 전체의 신뢰에 관한 문제로 이어지기 때문입니다.

- 재심 법원 역시 C의 법정 진술을 이유로 그 이전의 C의 진술(2008년 4월 4일자 진술서, 2008년 4월 18일자 진술조서)의 증명력을 배척합니다. 이것은 법관 고유의 자유심증주의 영역의 판단 사항이기는 합니다. 그러나 재심 법정에서 있었던 C의 구체적인 진술 내용 하나하나를 기억하는 저자로서는 이러한 법원의 판결에 의문을 제기할 수밖에 없습니다. C의 법정 진술 태도를 보면 그 자체로 증인으로서의 중립성을 인정하기 어려웠기 때문입니다. 다시 말하면 C는 이미 거짓 진술을 작정하고 법정에

증인으로 출석한 상태였습니다. 오죽하면 담당 수명법
관이 조정 중에 "C가 이렇게 엉터리로 진술하고 있는데
이걸 도대체 어쩌란 말인가!"라고 하면서 혼자 중얼거
렸겠습니까! 아마도 C가 재심 법정에서 한 진술 중 거짓
이 아닌 의미 있는 진술은 단 한 마디도 없었을 것으로
보입니다.

법원이 이러한 증인의 법정 진술을 이유로 그 이전의 진
술(2008년 4월 4일자 진술서, 2008년 4월 18일자 진술조서)을 모두
부인해 버린다면, 이는 결국 모사꾼이 법정의 정의를 지배
하는 꼴이 되어 버릴 것입니다. 법원과 법관의 자유판단 영
역도 최소한 이 정도의 한계는 준수하여야 할 것으로 보입
니다.

7. 상고심, 제2차, 제3차 재심 사건 등

기을호는 상고했습니다. H건설은 그동안 판사 출신 변호
사를 소송대리인으로 선임해 왔었는데, 이번에는 국내 제1,
2위를 다투는 대형 로펌을 소송대리인으로 선임했습니다.
담당 변호사는 불과 몇 개월 전에 대법원 재판연구관으로

근무하던 판사 출신의 변호사였습니다. 상고심 사건은 접수된 지 3개월 즈음에 심리불속행 기각으로 종결되었습니다.

기을호는 위증 형사재판 및 재심 소송에서 물불을 가리지 않고 거짓 진술을 뿜어낸 C를 위증죄로 고소하였고, C는 위증죄로 징역 6개월 집행유예 2년의 형을 선고받습니다.

2012년 2월 기을호는 이를 바탕으로 다시 제2차 재심을 신청하였습니다. 재심 법원은 단 한 사람의 증인도 허락하지 않고서 변론을 종결하였고, 재심청구를 기각하였습니다. 기을호는 상고하였고 이 즈음 저자는 〈18번째 소송〉이라는 책을 출간합니다. 그로부터 약 2년 뒤인 2014년 7월 대법원은 기을호의 상고를 다시 기각합니다.

2018년 경 저자는 우연히 A의 글씨로 된 중요한 서류 한 건을 발견합니다.

"계약자 현황"이라는 제목의 서류인데, A가 2000년 초경 직접 자필로 김포 고촌면 향산리 일대의 계약 체결 상황을 목록으로 작성해 둔 것이었습니다. 놀랍게도 그 서류에는 기노걸에 대한 계약 체결 상황도 자세히 기록되어 있었습니다.

위 서류에 의하면, 기노걸의 계약서는 1999년 12월 15일에 작성된 것으로 기록되어 있었습니다. 계약의 중요 내용에 대한 구체적인 사항도 빼곡히 적혀 있었습니다. 이로 보건데 기노걸의 이 사건 계약서는 이미 1999년 12월 15일 경에 이지학 등에 의하여 임의로 작성된 상태였음을 알 수 있습니다. 그럼에도 기노걸은 계속해서 H건설과의 계약 체결을 강하게 거부하자 Y건설은 2000년 7월 28일 기노걸에게 최고서를 발송하면서 "귀하가 자신의 욕심만 부리면서 계약체결을 불응하므로 …부득이 강제수용을 하겠다"는 내용의 내용증명 우편을 발송하였던 것으로 보입니다.

A의 자필로 된 위 서류가 발견됨으로써, "2000년 9~10월 경에 이 사건 계약서를 작성하였다"는 A의 증언은 거짓이라는 사실이 다시금 확인된 것입니다. 다시 말하면, 1999년 12월 혹은 2000년 1~2월 경에 작성된 A의 자필 문서에 의하여, 2006년 7월 25일 A가 제1심 법정에서 한 진술 내용이 객관적으로 거짓임이 다시금 증명됩니다.

즉 말은 언제든지 번복할 수 있지만 서류는 있는 그대로의 사실을 증명하는 힘이 있습니다.

A는 1999년 12월 15일 경 이지학 등으로부터 기노걸 명의의 이 사건 계약서를 전달받았으면서도, 2006년 7월 25일 제1심 변론기일에 증인으로 출석하였고, 이미 기노걸이 사망한 점을 이용하여 "이 사건 계약서는 2000년 9월 내지 10월 경에 이지학 등과 함께 작성하는 것을 보았다"라고 거짓말을 한 것입니다. 최초 진술서에서는 그 날짜를 "1999년 11월 24일"이라고 하였으나, Y건설이 기노걸에게 발송한 2000년 7월 28일자 최고서가 발견됨에 따라 그렇게 날짜를 바꾸어 그렇게 진술을 번복하였습니다. 그런데 이게 웬일일까요? A가 1999년 12월 경에 자필로 작성해 놓은 "계약자 현황"이라는 서류가 발견된 것입니다.

2019년 3월 경 기을호는 새로 발견된 서류를 바탕으로 이지학과 A와 B를 사문서위조 및 동행사죄, 위증죄로 고소한 다음 다시 제3차 재심을 청구하였지만 법원은 또다시 이를 기각합니다. 이에 상고하였지만 2020년 4월 대법원은 또다시 심리불속행 기각합니다.

2020년 10월 기을호는 마지막으로 H건설 전·현직 대표이사와 A, B, 그리고 C를 특정경제범죄가중처벌등에관한법률위반(사기) 죄로 수사기관에 고소하였습니다.

2022년 4월 8일 사건을 담당한 서초경찰서는 증거불충분을 이유로 불송치결정을 하였습니다. 이에 대하여 이의를 신청하자 2022년 10월 12일 서울중앙지방검찰청은 마찬가지로 증거불충분을 이유로 불기소처분을 합니다. 기을호는 다시 검찰 항고를 하였습니다. 2022년 12월 6일 서울고등검찰청은 이 항고마저 기각합니다.

기을호는 다시 서울고등법원에 재정신청을 하였습니다.

제발 새롭게 찾아낸 A의 자필로 된 "계약자 현황"이라는 증거 서류를 검토해 줄 것을 간곡히 요청하였습니다. 이에 의하면 지금까지 A의 진술은 모두가 거짓임이 자신의 필체로 된 서류에 의하여 확인됩니다. 그런데 어떻게 된 일인지 수사기관(서초경찰서, 서울중앙지방검찰청, 서울고등검찰청)은 새롭게 발견된 위 증거에 대하여 단 한마디의 판단도 하지 않은 채 사건을 종결하려 하고 있습니다.

2023년 5월 24일 서울고등법원은 또다시 재정신청을 기각합니다. 마찬가지로 새롭게 찾아낸 "계약자 현황"에 대하여 단 한마디의 판단도 하지 않았습니다. 만약 위 서류를 판단의 대상으로 삼기만 하면 지금까지의 모든 논리가 뒤바뀌게 되는데, 이를 판단할 권한이 있는 경찰, 검사, 판사 등 그 누구도 이를 판단의 대상으로 올리려 하지 않습니다.

2023년 6월 기을호는 재항고 하였고 현재 대법원의 최종 판단을 남겨 두고 있습니다. 무려 18년 10개월의 길고 긴 시간 동안 오로지 진실이 무엇인지를 밝혀 법과 정의를 바로 세운다는 일념으로 법에 정해진 절차를 따라 달리고 또 달려온 세월이었습니다. 대법원의 재항고마저 기각된다면 이 사건의 진실은 적어도 법(法)의 영역에서는 영원히 묻혀버리게 될 것이고, 이에 따라 이 사건의 진실과 정의(正義)도 왜곡된 형태로 남게 될 것입니다.

물론 법적인 영역에서 진실이 밝혀지지 않았다고 진실 그 자체가 변하거나 바뀌지는 않을 것입니다. 어쩌면 진실은 영원히 변하지 않지만, 다만 진실에 바탕을 둔 정의는 그 사회의 수준만큼, 그리고 그 사회를 구성하는 구성원들의 의지만큼만 밝혀지고 성취되는 것일지도 모르겠습니다. 혹여 먼 미래 세대에서라도 왜곡된 진실이 다시 바로잡히면서 기어코 법적인 영역에서도 정의의 찬란한 꽃을 피울 수도 있을 것입니다. 법원과 판결에 대한 신뢰는 그만큼 중요하고 근본적인 과제입니다.

제9장

18년 10개월의 여정

저자는 2005년 8월부터 기을호를 대리하여 H건설과의 이 사건에 대한 법적 다툼을 진행하였고, 2024년 5월 기준으로 어언 18년 10개월이란 시간이 지났습니다. 꿈과 희망에 부풀었던 변호사 생활은 상처투성이의 가시밭길이었고 어느덧 초로(初老)의 지경으로 접어들었습니다. 혹자는 저자에게, 법원이 무려 18년 9개월 동안이나 저자를 조리돌리면서 폭력적 강요를 일삼았다고 말합니다. 긴 광음(光陰)을 이어오는 동안 법원을 향한 국민의 인식도 변화를 거듭하고 있습니다.

법(法)의 목적은 정의(正義) 실현에 있습니다.
재판(裁判)이란 구체적인 분쟁 사건에서 사법기관이 당사자의 주장을 듣고 사건의 진실을 밝힌 다음 이를 토대로 법적 판단을 내리는 것, 즉 법(法)이 지향하는 정의(正義)가 무엇인지를 공권적으로 판단해 주는 절차입니다.

대한민국 헌법은 사법(司法)에 관한 권한을 법원에 위임하였고, 구체적인 재판 절차는 법원에 속한 법관이 진행합니다. 헌법은 공정한 재판을 뒷받침하고자 법원에 속한 법관의 재판독립과 철저한 신분보장을 선언하였습니다. 이제 법관은 오로지 공정한 재판을 통하여 진실이 무엇인지 밝히고, 이를 토대로 법률을 적용하여 구체적인 정의(正義)가 무엇인지 판단하면 됩니다. 이로써 국민의 권리와 자유는 충실히 보장될 것이며, 모든 국민은 법 앞에 평등하며 소수자라는 이유로 한 차별과 불평등은 사라지게 될 것입니다.

특별히 민사소송법은 사실인정에 관한 법관의 자유심증주의를 규정하였습니다. 그 이유는 진실과 정의를 향한 법관의 신념과 의지를 드높이 평가하고 이에 확신이 있었기 때문입니다. 과학기술의 발달과 함께 문명화된 오늘날에도 여전히 불평등과 차별은 각기 다른 모습으로 우리 현실 곳곳을 기웃거리며 진실과 정의를 왜곡하려고 합니다. 시간이 지나고 역사가 진전할수록, 그리고 자본주의와 과학 문

자유심증주의

명이 발달할수록 공정한 법 집행을 통한 구체적인 정의의 실현은 더욱 중요한 과제로 대두되고 있습니다.

사법절차 자체는 정의의 제1요소인 법적 안정성을 책임지는 과정입니다. 따라서 대한민국 국민이라면 적법한 사법절차를 통한 법관의 공정한 재판 진행과 판단을 신뢰하여야 합니다.

그러나 사법절차가 아무리 잘 정비되어 있고, 아무리 우수한 법관이 진행하더라도 사람이 하는 일에 완전무결이란 존재할 수 없습니다. 사법절차에도 흠결이 있을 수 있으며, 그러한 흠결은 되도록 절차 내에서, 그리고 법률 전문가 집단에 의하여 수정되고 치유되어야 합니다.

그럼에도 발생하는 판결의 흠결은 어떻게 해야 할까요? 이는 불가피하게 일어나는 천재지변(天災地變)과 같이 피해자들이 감내해야 하는 것일까요? 우리 사회에는 판결의 흠결로 피해를 입은 국민이 분명 존재할 것입니다. 이른바 사법 피해자들은 틀림없이 있습니다. 이들은 그야말로 천재지변 아닌 천재지변을 당한 자로서, 사실상 국가의 보호막에서 벗어나 버림받은 상태로 방치된 자들입니다.

2005년 8월 8일부터 시작된 기을호와 H건설의 사건은 모두 정상적인 재판 절차에 따라 진행되었습니다. 헌법과 법률에 정한 법관에 의한 재판이었고(헌법 제27조 제1항), 합헌적인 실체법과 절차법에 따라 행하여진 재판이었으며, 심급 절차에 따라 무려 4차례 이상이나 대법원의 재판을 받을 권리도 보장받았으며, 사실심은 모두 공개된 법정에서 진행되었습니다.

헌법과 법률이 보장하는 절차에 따라 무려 18년 10개월 동안 다투며 재판을 받았으니, 그 자체로 정의의 제1요소인 법정 안정성을 어느 정도 충족하였다고도 볼 수 있을 것입니다. 그렇다면 18년 10개월 동안의 재판 결과는 과연 정의로운 것이었을까요? 법관의 자유심증주의로 사실을 인정하였으니 구체적 타당성까지 실현되었다고 보아야 할까요? 기을호와 H건설은 각자 그들이 배분받아야 할 몫을 받은 것일까요? 법원의 판결로써 사회의 정의를 실현한 것일까요?

H건설과 기을호가 배분받아야 할 몫은 기노걸이 이 사건 계약서를 작성하였는지 여부에 달려 있었습니다. 법원은 A의 진술을 토대로 기노걸이 이 사건 계약서를 작성하였다고 판단하였고, 이를 토대로 H건설은 이 사건 토지의 소유

권을 이전받았습니다. 이전 당시 시가 50억 원의 토지를 약 9억 4000만 원만 지급하고 이전받은 것입니다(실제로는 다른 소송비용과 결과 등에 따라 약 5억 7000만 원만 지급받습니다). A의 진술이 거짓이라면, H건설은 이 사건 토지를 이전등기 받을 자격이 없습니다. 즉, 이 사건 토지는 H건설이 분배받을 몫이 아니라, 그 이전부터 토지를 소유한 기을호의 몫이 되어야 합니다.

 문제는 정의의 최후 보루인 법원이 A의 진술을 사실로 받아들여 이 사건 계약서는 기노걸이 작성한 것으로 인정하였다는 것입니다. 기노걸이 이 사건 계약서를 작성하였다는 사실을 증명할 객관적인 증거는 전혀 없는 상태였고, A의 진술과는 다른 객관적인 증거들이 즐비하게 나타났으며, A는 이 사건 재판 과정에서 거짓 증언을 하여 위증죄의 유죄 판결까지 받았습니다. 하지만 법원은 그와 같은 사정들을 뒤로하고 A의 진술 중 "기노걸이 이지학에게 막도장을 건네주어 이지학이 이 사건 계약서에 날인하는 것을 보았다."는 증언을 토대로 이를 사실로 인정하면서 이것을 진실이라고 판단한 것입니다. 법관에게는 '사실인정'을 판단할 자유심증의 권한이 있었고, 이를 통하여 사실인정을 하였으니 어쩔 수가 없습니다.

기을호로서는 법원 판결에도 불구하고 이 사건 판결 내용에 대한 구체적 타당성을 의심하며 아쉬워하고 있습니다. 과연 판결 내용은 구체적 타당성, 그러니까 실체적 진실에 얼마나 접근한 것일까요?

양심적이고 진지한 독일의 법철학자 라드부르흐는 "어떤 법률이 **정의의 핵심을 의도적으로 부정하고 있는 경우 그 법률은 단순히 악법에 그치지 않고 애초부터 법으로서의 자격을 상실한다.**"고 하였습니다. 또한 그는 "**실정법이 참을 수 없을 정도로 정의 원리를 위반하기에 이르렀다면, 부정의한 법률에 의해서 보장될 법적 안정성은 정의보다 하위의 가치를 가지게 된다.**"고도 하였습니다.

무려 18년 10개월 동안 진행된 재판 과정이 일관된 의도에 따라 왜곡되었다고 보기는 어려울 것입니다. 그러나 사법이 그 권위를 인정받으려고 명백히 추단되는 진실에 암묵적으로 침묵을 명령하는 경우, 그러니까 사법절차에 중대한 왜곡이 있다는 사실을 대부분 구성원이 알고 있지만 오히려 그러한 왜곡의 실체를 밝히려는 변호사를 조리돌림으로써 잠잠하게 만들어야만 사법의 권위를 인정받을 수 있다는 암묵적인 담합이 있는 사례도 드물지만 있을 수도 있습니다. 때마침 침묵시켜야 하는 대상이 이른바 '비교적 쉬운 존재'라고 여겨질 경우 그러한 암묵적인 담합은 더욱 힘을 받았을 것입니다.

18년 10개월 동안 진행되고 있는 이 사건이 매우 드문 암묵적인 담합이 있는 경우는 아니었을까요? 만일 그러하다면, 이는 독일의 대학자 라드부르흐가 설파한 "법률적 불법" 그러니까 "법률의 탈을 쓴 불법" 사례에 해당할 수 있지 않을까요?

장장 18년 10개월 동안이나 진행된 이 사건이 라드부르흐가 설파한 "의도적으로 구체적인 정의의 핵심 내용을 부정하고 있는 경우" 혹은 "참을 수 없을 정도로 정의 원리를 위반하고 있는 경우"에 해당한다면, 이는 그동안 대한민국 사법에 대한 신뢰의 핵심을 갉아먹는 요소가 무엇이었는지 희미하게나마 그 실체를 파악할 수 있는 것은 아닐까요?

저자가 경험한 18년 10개월 동안의 이력은 매우 이례적이고 예외적인 사례일 것입니다. 아마도 그것은 빠져나오려 몸부림칠수록 더욱 깊게 빠져드는 늪이었는지도 모릅니다.

다른 한편으로는 법률 송무 분야에서 활동하고 있는 대부분 변호사들이 과거에 수도 없이 겪었던, 그리고 지금도 겪고 있고 앞으로도 계속 겪게 될 고충일 수도 있다는 생각도 하게 됩니다.

어렵게 변호사가 된 저자로서는 우리가 매일같이 활동하고 숨 쉬는 영역이 되도록 다른 사람에게서 존중을 받는 곳이기를 바라고 있습니다. 또한 이왕이면 대한민국 법조계에서 벌어지는 모든 현실이 거짓 없이 낱낱이 국민에게 공개됨으로써 더 많은 사랑과 신뢰를 받았으면 좋겠다는 소망도 가져 봅니다.

이러한 저자의 소망을 담아 그동안 법률가로서 겪은 흔치 않은 경험을 다시금 책으로 펴냅니다.

C: 이 사건 계약서에 기재된 글자의 주인공

- C는 왜 진술을 번복하였을까?
- 왜 수명법관은 "C가 이렇게 엉터리로 진술하고 있는데, 이를 어쩌란말인가?"라고 혼잣말로 중얼거렸을까?
- 무슨 이유로 항소심 재판을 진행한 배석 판사는 선고된 판결서에 이름을 올리지 못하였을까?

 변호사 유머10 - **뺑소니 사고**

한 변호사가 벤츠 자동차를 자기 사무실 앞에 대고는 내렸다. 그런데 그가 내린 직후 화물트럭 한 대가 그 자리를 통과했고, 자동차의 운전석 문짝이 완전히 날아가고 말았다. 그리고 트럭은 그대로 뺑소니를 쳐버렸다.
변호사는 곧바로 잘 알고 지내던 경찰관에게 전화를 걸었다.

"접니다. 큰일 났습니다. 방금 제 자동차의 문짝을 화물트럭 한 대가 들이받고 뺑소니를 쳐버렸어요."

서둘러 달려 온 경찰관은 변호사를 보자마자 비명을 지르며 말했다.

"맙소사, 도대체 당신네 변호사들은 어떻게 하면 그렇게까지 돈에 미칠 수가 있는 거지? 이봐요! 자동차 문짝은 둘째 치고, 당신 팔 한 짝이 날아갔잖아!"

변호사는 없어져 버린 자신의 왼팔을 깨닫고는 비명을 질렀다.

"이런 제기랄! 내 롤렉스 시계도 날아갔네!"

자유심증주의

PART.2

편지

제2편은 2015년까지 저자와 일면식도 없었던 전병우 변호사님이, 저자가 쓴 책 "고백 그리고 고발"을 읽고 8년 동안 저자와 메일로 소통하면서 많은 위로를 보내주었던 서신을 담았습니다.

아마도 많은 분이 전병우 변호사님과 같은 마음으로 우리 사회가 진실을 바탕으로 한 정의가 이루어지기를 염원하고 있을 것입니다. 대한민국 사회가 조금 더 진솔하게 소통하면서 매일매일 벽돌 한 장만큼이라도 착실하게 신뢰를 쌓아가는 공동체로 발전해 나가기를 간절히 기원합니다.

From: "전병우"
To: <a........@naver.com>;
Cc:
Sent: 2015-06-18 (목) 02:34:19
Subject: 안천식 변호사님께

　법률신문인가에 실린 광고를 보고 구입하여 책상 한 편에 놓아두었던 변호사님의 책을 저녁쯤 펼쳤다가 조금 전에서야 마지막 페이지를 덮었습니다.

　변호사님의 글을 읽고 가슴속 깊은 곳에서 올라오는 뜨거운 무엇인가에 감정이 복받쳐 저도 모르게 변호사님께 이렇게 글을 씁니다.

　이른바 '막변'으로서 변호사님과 같은 좌절과 고통을 나름 겪어 보았던 저로서는 변호사님의 피끓는 외침이 전혀 어색하게 느껴지지 않았습니다.

　특히나 억울한 패소 후 "대한민국의 사법 현실이 이런 것이었구나"라는 자괴감에 변호사업을 정리하기로 마음

먹었다는 부분에서는 저도 모르게 눈물이 나왔습니다.

 기을호 씨나 변호사님이 겪으신 분노와 억울함이 다시
는 발생하지 않도록 하는 방법은 지금과 같은 사법 시
스템에서는 불가능한 것인지요?

 A 같은 존재를 계속 생겨날 수밖에 없는 것인지?

 그것은 심약하고 간교하지 못한 인간인 이상 겪을 수
밖에 없는 인간 세계의 숙명인 것인지요?

 변호사님의 진실과 정의에 대한 열정 잊지 않고 항상
가슴에 간직하겠습니다.

 건강하세요.

2015년 6월 18일 오전 10:53, 안천식 <a......@naver.com>님이 작성:

전병우 변호사님께.
미숙한 저의 책을 읽어 주셔서 감사합니다.

진실이 무엇인지는 알고 있음에도, 속수무책으로 당하는 사람들의 고통은 겪어보지 않고는 감히 논하기가 어렵겠지요.

하물며, 변호사는 진실을 밝히는 것을 직업으로 하는 사람인데, 도저히 어쩔 수 없는 현실의 벽 앞에서 아무것도 할 수 없다는 점을 온 몸으로 감지하였을 때 느끼는 자괴감은 이루 말할 수 없었습니다.

아마도 이렇게 사람들이 길들여지는구나 하는 두려움마저 들었습니다.

저 역시 지극히 이기적이고, 자기중심적인 사람에 불과합니다.

그러나 너무도 말이 되지 않는 재판 결과에 아연할 수밖에 없었고,

밥벌이 때문에 이마저도 침묵하게 된다면 변호사로서 저의 정체성은 아무것도 존재하지 않을 것이라고 생각하였습니다.

현실이 바뀌지 않은 것은, 대부분 사람들이 잘못된 현실을 알고도 침묵하고 굴복하기 때문입니다.

그러한 침묵이 당시의 어려움은 잠시 피할 수 있겠지만, 반드시 더 엄중한 결과로 되돌아 오게 마련일 것입니다.

저는 이 일을 겪으면서 법조계를 이 지경으로 만들어놓은 선배 법조인들을 원망하였습니다. 주제넘게도 책을 내겠다는 결심을 하면서 변호사를 그만두어도 할 수 없다고 생각하였습니다.

법원으로부터 불이익, 그리고 동료 변호사들로부터 외면받을 것이라 생각하였습니다.

그러나 최소한 제가 할 일을 해야겠다고 생각했고, 그에 따른 불편함은 기꺼이 감수하겠다고 생각했습니다.

우리가 살아가는 사회이고, 우리 아들딸들이 살아가야 할 사회인데, 지금 우리가, 제가 침묵하면 그들이 또다시 당할 것이라 생각했습니다.

서설이 길었습니다.

메일까지 주시면서 같이 고민하고 위로해 주셔서 정말 고맙습니다.

ps.
한 가지 의문 사항이 있습니다.
메일 내용에 보면, "기을호", "A" 등 실명을 언급하셨는데, 어떻게 안 것인가요?

혹 책 내용에 실명이 들어가 있었다면 어느 부분인지 알려 주시면 고맙겠습니다.

자유심증주의

From: "전병우"<>

To: "안천식"<a......@naver.com>;

Cc:

Sent: 2015-06-18 (목) 18:40:30

Subject: Re: 안천식 변호사님께

변호사님.

혼자서 그 긴 시간 동안 보이지 않는 적과 싸워오면서 느끼셨을 외로움과 고통이 얼마나 크셨겠습니까?

변호사님께서는 소박하고 작은 개인적 정의로 시작하셨을지 모르나, 변호사님의 말씀은 대한민국 사법 시스템의 구조적 모순에 대한 고발이라 생각합니다.

거의 대부분 그 구조적 모순 앞에서 돌아서 버릴 때, 변호사님은 그야말로 완전한 끝을 경험하신 것이라 생각합니다.

이익을 앞에 두고 사람이 사람을 잡아먹는 이 불편한 세상과 이를 방조하는 사법 시스템을 개혁하는 큰일을 변호사님께서 꼭 해주셨으면 합니다.

또 연락드리겠습니다.

P. S
'기을호', 'A'의 실명은 제가 스스로 알아낸 것이며, 책 내용에서 찾은 것이 아니니 걱정하지 않으셔도 됩니다.

혹시라도 누군가 이를 이유로 변호사님을 트집 잡는 다면 이번엔 제가 기꺼이 변호를 맡아 드리겠습니다.

2015년 6월 19일 (금) 오전 9:40, 안천식 <a.....s@naver.com> 님이 작성:

고맙습니다.

변호사님의 응원과 위로가 일을 헤쳐 나가는 데 큰 힘이 될 것 같습니다.

다시 한번 감사드립니다.

From: "전병우"<   >

To: "안천식"<a.......@naver.com>;

Cc: "전병우"<   >;

Sent: 2021-07-07 (수) 19:15:23 (GMT+09:00)

Subject: Re: 안천식 변호사님께

안 변호사님.

건강히 잘 계시지요?

집에 좀 일찍 와서 책장을 정리하다가 변호사님의 책
이 눈에 들어와서 잠시 꺼내 다시 읽어보다가 변호사님
생각이 나서 메일을 보냅니다.

요즘 저는 일반 송무 업무보다는 M&A 관련 일들을
하면서 먹고 살고 있습니다. 그렇지만, 이쪽도 불의, 불
공정은 다른 곳과 다를 바 없습니다.

특히나 이를 시정해야 할 사법 시스템은 여전히, 아니
더 작동되지 않는 느낌입니다. 소위 말해 구찌가 더 크다
보니 '돈의 논리'가 더 효율적으로 작동되는 곳 같습니다.

자유심증주의

"세상의 모든 부정과 불의는 법원과 검찰로 인해 생긴다"는 '확신'을 얻었다고 해야 하나요? 그것이 지난 10여 년이 넘는 동안 변호사로서 활동하며 깨달은 세상에 대한 작은 소회라면 소회일 것 같습니다.

특히나 최근의 **과 그 일가족에 대한 검찰의 수사와 그 같은 수사를 진두지휘했던 자가 정작 자기 가족의 허물에 대해서는 아랑곳없이 대통령이 되겠다고 뛰어다니는 것을 보면 정말 모든 게 '쇼'라는 생각까지 듭니다.

(제가 한때 ***씨 장모인 ***를 상대로 15년간을 싸운 ***의 변호를 잠시 맡은 적이 있어서 그 집안의 내력을 좀 알고 있습니다)

말이 길었네요.
안 변호사님. 항상 건강하시고, 제가 항상 응원하겠습니다.

감사합니다.

2021년 7월 8일 (목) 오후 3:24, 안천식 <a.....@naver.com>님
이 작성:

전병우 변호사님.

참 오랜만입니다.
둘러보니 6년이 지났네요.
감사합니다.

전업 송무에서 벗어나셨다니 다행이라는 생각도 잠시
해봅니다만, 결국 모든 일의 마지막 종착지는 법원, 검
찰로 이어지는 우리 사회의 구조 속에서 다른 분야마저
여전히 '재판권, 검찰권의 남용'으로 몸살을 앓는다고
하니... 참 가슴이 답답하네요.

저는 여전히 "고백 그리고 고발" 관련 사건을 놓지 않
고 있습니다.
그동안도 계속해 온 일인데 최근에도 관련 책자 등을
법원행정처 등에 보내면서 사법에 대한 자정 작용을 촉
구하고 있습니다만, 메아리 소리조차 돌아오지 않네요.

자유심증주의

뿐만 아니라,

법원 일각에서는 저를 아주 괘씸하게 여기는 부류도 있는 듯 합니다.

때때로 말도 안 되는 불이익을 당하기도 하고, 의뢰인들은 하나 둘 떠나고...

같이 법원을 성토하다가 결정적인 순간에 다른 말, 다른 행동을 하는 사람들을 보면,

아... 참, 마음이 무너지더군요.

이런 환경에서 제가 적극적으로 나서서 송무에 나서겠다고 영업도 하지 못할 형편이다 보니, 사건은 거의 없게 되네요.

아마도 송무 업무는 강제로라도 그만두어야 할 것 같습니다.

최근 몇 년 동안은 "배심제도 연구회"를 조직하여 배심제도 도입을 주장하기도 하였는데, 어떤 제도가 우리 사회의 "불의와 불공정"을 말끔히 제거해 줄 것이라는 생각 자체가 너무 안이한 것 같았습니다.

결국, 국민 한 사람 한 사람의 의지가 중요하고, 그러한 의지를 모으는 것이 또한 중요하고, 그러한 대열에는 마땅히 변호사 등 법률가들이 앞장서야만, 우리 사회의 구조적 모순을 뿌리 뽑게 되지 않을까 하는 생각을 하게 되었습니다.

그래서 최근 "확증편향"이라는 책을 발간하면서,
그동안의 주요 판결문을 담당 판사의 실명과 함께 싣기도 하였습니다.

나름 떨리는 마음을 가라앉히면서 아주 큰 용기와 결심으로 출간하였는데, 이 사회는 여전히 "욕망과 선동"에만 관심이 있을 뿐, 누군가 다른 사람이 구조적 문제점을 싹쓸이 해결해 주기만을 바랄 뿐, 별다른 관심을 보이지 않는 것 같습니다.

어느 누군가에게 일어난 일은 어느 누구에게도 일어날 수 있는 일인데도 말입니다.

모처럼 만에 뵙는 반가운 메일에 이러쿵저러쿵 하소연이 길었습니다.

전병우 변호사님,

항상 건강하시고,

날마다 늘 새롭고 좋은 일들이 넘치시기를 기원드립니다.

응원해 주셔서,

다시 한번 감사드립니다.

From: "전병우"<　>

To: "안천식"<a......@naver.com>;

Cc:

Sent: 2021-07-08 (목) 19:57:02 (GMT+09:00)

Subject: Re: 안천식 변호사님께

안 변호사님.

변호사님의 반가운 메일을 확인하고도 그 내용이 너무 무겁고 안타까워 무엇이라 답변을 해야 할지 몰라, 바로 답변을 못 드렸습니다.

특히나 변호사님 같이 송무 능력이 뛰어난 분께서 송무 업무를 할 수가 없는 상황에까지 처하셨다는 이야기를 듣고, 가슴 한쪽이 무너져 내리는 느낌이었습니다.

절해고도에서 느끼셨을 고독과 외로움이 전해져와 저도 모르게 죄송한 마음이 들었습니다.

변호사님,

그래서 고민 고민 끝에 드리는 말씀인데, 저하고 같이 일해 보시면 어떻겠습니까? 조그만 법무법인이지만, 변호사님께서 함께해 주시면 큰 도움이 될 수 있을 것 같습니다.

마침 방도 하나 비워져 있으니 그냥 몸만 오시면 될 것 같습니다.

급여는 큰 로펌에 비할 바는 아니겠지만, 적잖게 대우해 드리겠습니다. 제가 다행히 잔재주가 있어, 사건은 적지 않게 있어 사건 걱정은 안 하셔도 됩니다.

다만, M&A(회사법) 관련 사건이 많으나, 송무 사건은 그 분야가 무엇이건 간에 원리는 비슷하니 조금만 훈련하시면 금방 익숙해 지시리라 생각합니다.

변호사님과 같이 끈기와 집념을 가지신 분이라면 어떤 분야이든 이내 잘 해내시리라 생각합니다.

그리고 억울한 사건을 겪으신 분이 있다면 같이 검토해서 수임료에 상관없이 공익적 차원에서 진행하셔도 무방합니다.

　무례일 수도 있을 것 같아 몇 번이나 고민하다 조심스
레 제안드립니다.

　가능하시면 긍정적으로 검토해 주시면 감사하겠습니다.

자유심증주의

아... 전 변호사님.

변호사님의 따뜻한 마음이 그대로 전해지는 것 같아
좀 울컥했습니다.
이렇듯 따뜻하게 배려해 주시니 참으로 감사합니다.
아울러 제가 너무 너스레를 떨었나 부끄럽기도 하네요.

변호사님의 마음은 참으로 고맙습니다만, 저는 지금
하던 일을 어떻게든 마무리하고 싶습니다.

몇 가지 생각을 하고 있는 것이 있는데, 이 부분을 마
저 실행해 보려고 합니다.

물론 가능성은 희박하고, 벽에다 호소하는 격이지만,
그럼에도 불구하고 누군가는 해야 할 일이라면 저라도
해야겠다는 생각이 아직 남아 있네요.

이런 일들로 어쩌면 변호사님(함께 할 경우)에게 피해가 갈 수도 있다는 생각도 들고요.

아마 이것도 병(?)인 것 같습니다.
고민 끝에 내리신 결단이신데, 이렇게 말씀드리니 참 죄송하네요.

몸과 마음이 너무 지친 것 같아서, 몇 년 전부터 국선도(단전호흡)를 시작했는데 덕분에 건강은 많이 호전되었습니다.

변호사님도, 기회가 되시면 국선도 수련을 꼭 권해 드리고 싶군요.
변호사님의 따뜻한 메일에 다시 한번 감사드립니다.

고맙습니다.

-----Original Message-----
From: "전병우"<   >
To: "안천식"<a.......@naver.com>;
Cc:
Sent: 2021-07-09 (금) 21:50:40 (GMT+09:00)
Subject: Re: 안천식 변호사님께

변호사님.

한 자 한 자 단어를 고르고 골라 글을 써보기는 오랜만인 것 같습니다.

법원에 제출하는 서면도 이렇게 긴장되지는 않았던 것 같은데... 변호사님께 보내는 글이기에 더 신경을 쓰게 되는 것 같습니다.

변호사님,

저의 제안에 대한 변호사님의 답변 잘 이해했습니다.

다른 무엇보다 저는 변호사님의 의사를 존중하려 합니다.

다만, 변명이라면 변명이고 설득이라면 설득일 수 있겠지만, 저는 변호사님과 함께 일했을 때 생길 수 있는 불이익에 대해 전혀 생각지 않았으며, 오히려 더 큰 시너지가 날 것이라 생각하였습니다.

진실을 밝히고자 열심히 온 힘을 다해 일하는 변호사에게 불이익이 있다면 그것이야말로 '불의'가 아닐까요?

그리고 그 불의에 대해 저항하는 게 변호사의 소명 아닐까요?

그러니 지금이 아니어도 꼭 '먼길'을 함께할 수 있는 기회를 주셨으면 합니다.

조금 더 말을 붙이자면,
저는 변호사님의 투쟁이야말로, 진정한 투쟁이라 생각합니다.

정말 온 몸으로 부딪쳐 싸우는 날것의 투쟁.
정의니, 뭐니 하며 다들 거창한 구호를 앞세워 자신을 포장하지만, 다들 가짜고, 겁쟁이들이죠.

인권 변호사네, 무슨 변호사네 하면서 대단한 일들을 하는 것처럼 포장하지만, 손쉬운 명분, 말랑말랑한 사회적 이슈를 선점함으로써 이미 반쯤 결론이 끝난 사건을 가지고 폼을 잡는 것일 뿐입니다.

혼자 싸우기 두렵기에 '*변'이나 '뭔'변이니 하며 단체를 내세우는 것이고요.

마음만 먹으면 얻을 수 있는 '타이틀'이나 '뒷배' 하나 없이 손쉬운 타협도 거부한 채, 오로지 "진실"을 밝히고자 10년을 홀로 싸운다는 것은 아무나 할 수 없는 일이라 생각합니다.

그런 점에서 저는 변호사님의 그런 정신과 태도가 법조 사회를 넘어 한국 사회 전반에 깃들기를 희망합니다.

그리고 제2, 제3의 안천식 변호사가 많이 배출되었으면 하는 바람도 해봅니다. 그래야 더 이상은 변호사님과 같은 외로운 투쟁이 생기지 않을 테니까요.

건강 잘 챙기시고, 언젠가 함께할 날을 기다리면서 언

제나 변호사님의 승리를 기원하겠습니다.

감사합니다.

자유심증주의

2021년 7월 12일 (월) 오후 6:04, 안천식 <a......s@naver.com>
님이 작성:

전병우 변호사님.

변호사님의 진심 어린 배려와
세상과 사람을 보는 따뜻함에 감사드립니다.

지금은 너무도 상처가 커서 함께할 수 없지만,
만일 제가 누군가와 함께할 일이 있다면,
제일 먼저 전병우 변호사님을 생각하겠습니다.

서신 너무 고맙고,
며칠 동안 많은 위로를 받습니다.

감사합니다.

From: "전우빈"<   >

To: "안천식"<a......@naver.com>;

Cc:

Sent: 2022-06-07 (화) 10:47:57 (GMT+09:00)

Subject: Re: 안천식 변호사님께

안 변호사님

전병우입니다.

잘 계시는지요?

안 변호사님께 마지막으로 메일 보낸 지도 벌써 1년이

다 되어 가네요.

그간 목표로 하셨던 일들, 잘 되시고 계신지 궁금합니다.

혹시라도 제 도움이 필요하시다면 저도 미약하나마

힘껏 돕겠으니 언제든 편히 연락 주십시오.

건강하세요.

자유심증주의

2022년 6월 15일 (수) 오전 10:37, 안천식 <a....s@naver.com> 님이 작성:

전병우 변호사님.
이렇게 메일을 주시니 감사드립니다.

사람의 일이라는 게 초심을 유지하기는 참으로 어려운 것 같습니다.

체력도 그렇고, 의지력도 그러하거니와,
최근에는 집사람이 큰 수술을 하면서 무척 혼란스러웠습니다.

다행히 비교적 일찍 발견했고, 수술도 잘 됐으며,
치료도 착실하게 받고 있으니 별문제는 없을 것으로 보지만 치료 과정 자체가 쉽지는 않네요.

한번 뵙고 싶네요.

요즘 "전우빈"이 새롭게 뜨는 것 같은데,

전우빈을 닮은 듯한 전 변호사님의 모습이 무척 궁금하기도 합니다.

잊지 않고 연락 주셔서 다시 한번 감사드립니다.

늘 건강하십시오.

자유심증주의

안 변호사님.

소송들로 신경쓰실 일도 많으실 텐데, 사모님 건강까지 챙기시느라 더 바쁘시겠네요.

편한 시간과 장소를 알려주시면 언제든 기쁜 마음으로 찾아뵙겠습니다.

p.s
초심을 유지한다는 것을 넘어, 유지해야겠다는 마음을 가지는 것도 요즘은 쉽지 않습니다.

변호사님은 충분히 노력하셨고, 최선을 다하셨습니다. 너무 자책 안 하셔도 됩니다.

저야말로 빠르게 변하는 세상과 인심에 묻히고 치이다 보니 요령만 생기는 것 같습니다.

지조를 유지하기보다, 시류를 좇아 쉽고 편하게 살려
는 생각에 후회와 자책만 느는 것 같습니다.

자유심증주의

From: "전우빈"<   >
To: "안천식"<a.......@naver.com>;
Cc:
Sent: 2023-06-20 (화) 11:47:37 (GMT+09:00)
Subject: Re: 안천식 변호사님께

안 변호사님.

그간 건강하게 잘 계시는지요?
오랜만에 연락드립니다.

안 변호사님 생각이 자주 나고, 그럴 때면 연락을 드려야지 하다가도 혹 그런 연락도 한편으로 불편하시지는 않을까 하는 고민에 연락을 잘 못했습니다.

하시는 일들 잘 되기를 기원드립니다.

그리고 혹이나 변호사님의 외로운 투쟁에 제가 도움을 드릴 것이 있다면 언제든 편하게 연락 주십시오.

제가 힘닿는 데까지 돕겠습니다.

또 연락드리겠습니다.

안녕히 잘 계십시오.

자유심증주의

보낸사람

안천식 <a.....@naver.com>

받는사람

전우빈

2023년 6월 22일 (목) 오후 2:33

전 변호사님.

반갑습니다.

건강하신지요.

스크롤을 내려보니

2015년부터 8년째

잊지 않으시고 메일을 주셨네요.

송구스러워서

정말로 몸 둘 바를 모르겠습니다.

27일(화) 혹은 28일(수) 오전이나 오후에 찾아뵐까

하는데 괜찮을까요?

근무 시간이 부담스러우시면
점심시간을 이용해서 찾아뵈어도 괜찮겠습니다.

만나 뵙고 싶습니다.
감사합니다.

잊은 게 있군요.

제 전화번호는
010-0000-**** 입니다.

감사합니다.

From: "전우빈"<   >
To: "안천식"<a......@naver.com>;
Cc:
Sent: 2023-06-22 (목) 14:50:30 (GMT+09:00)
Subject: Re: 안천식 변호사님께

누추한 저희 사무실에 직접 방문해 주신다니 영광입니다.

제가 직접 찾아봬도 되니 안 변호사님 편하신 대로 하십시오.
27일, 28일 오전 오후 시간, 점심시간 모두 비워놓겠습니다. 언제든 편한 시간에 연락 주십시오.

제 휴대폰 번호는 010-****-0000 입니다.

변호사님이 알려주신 번호는 휴대폰에 저장해 두겠습니다.

감사합니다.

2023년 6월 26일 (월) 오전 10:54, 안천식 <a....@naver.com> 님이 작성:

전병우 변호사님.
몹시 바쁘신 것 같은데 시간 내어 주셔서 감사합니다.

괜찮으시면
내일(27일) 오전 11시쯤 찾아뵙도록 하겠습니다.

감사합니다.

2023년 6월 26일 (월) 오전 10:59, 전우빈 <   >님이 작성:

예.

그러시죠.^^

증거자료 목록

증거자료 1-1 이 사건 계약서 제1면
증거자료 1-2 이 사건 계약서 제2면
증거자료 1-3 이 사건 계약서 제3면
증거자료 1-4 이 사건 계약서 제4면
증거자료 2 기노걸 명의의 영수증
증거자료 3-1 기노걸이 1997년 9월 24이자로 예금계약을 해지한 통장 표지
증거자료 3-2 기노걸이 1997년 9월 24일자로 예금계약을 해지한 통장의 첫째 장
증거자료 3-3 기노걸이 1997년 9월 24일자로 예금계약을 해지한 통장의 둘째 장
증거자료 4 Y종합건설이 2000. 7. 28. 기노걸에게 보낸 통고서
증거자료 5 계약자현황

不動産 賣買契約書

※不動産의 表示

소재지	지번	지목	면적(㎡)	소유권자	비고
경기도 김포시 고촌면 향산리	65-2	대	255	기노걸	지상물일체 포함
	65-5	대	36		
	65-8	대	539		
	65-12	전	284		
	65-20	대	322		
	67-1	대	1,815		
계			3,251(983.4평)		

상기 표시 부동산의 매도인인 상기 소유권자(이하 '갑')와 매수인 ○○건설 주식회사 대표이사 김○규(이하 '을')는 아파트 신축 사업용 토지매매를 위하여 상호간에 신의와 성실을 원칙으로 아래와 같이 부동산 매매계약을 체결한다.

- 아   래 -

第 1 條 (契約의 主內容)

가. '갑'은 위 표시부동산의 정당한 소유자임을 확인하여 본 계약서에 명시된 '갑'의 제반의무를 책임진다.

나. '갑'이 1997. 9. 1.동아건설산업(주)와 체결한 부동산 매매계약을 '을'이 1999. 11. 5.승계 인수함에 따라 이를 재확인하고, 기수수대금 승계 및 잔대금 지불방법을 정한다. (11/24.)

다. '갑'과 '을'은 '갑' 소유 표시 부동산에 '을'이 아파트를 신축할수 있도록 매매하고저 제2조 이하의 내용으로 표시 부동산의 매매계약을 체결한다.

라. 이 승계계약 체결후 '갑'은 '을'의 동의 없이 표시부동산을 제3자에게 양도하거나 제한물권 설정 등의 행위를 할 수 없다.

第 2 條 (賣買代金 支給條件)

가. 대금총액 : 一金일십구억육천육백만원整(₩1,966,000,000)

나. 매매대금의 지급 일정

구 분	지급기일	금 액	비 고
계 약 금	1997. 9. 1	₩196,600,000	1조 나항 참조
1차 중도금	1997. 9. 1	₩98,300,000	1조 나항 참조
2차 중도금	1997.11. 5	₩688,100,000	소유권이전시
잔 금	승계계약후 6개월	₩983,000,000	어음지급,지급보증
합 계		₩1,966,000,000	

1999. 11. 24

증거자료 1-1 : 이 사건 계약서 제1면

계약서 제1조에는 1999년 11월 5일 인수승계를 확인한다고 되어 있고, 제2조에서는 승계계약 후 6개월 이내에 H건설이 기노걸에게 잔금 983,000,000원을 지급하기로 약정하고 있다.

▶ 증거자료 1-1 이 사건 계약서 제1면

다. 확정 측량 결과 매매면적이 변경될 시 상기 '가'항 금액을 매매면적으로 나눈 금액으로 정산키로 한다.

라. 매매대금 지불관련 특약

　1) 매매대금중 계약금(10%) 및 1차중도금(5%)은 계약일로부터 5일 이내에 '갑'이 지정하는 은행계좌로 '을'이 입금하기로 한다.
　(농협 은행 : 241084-56-002254)

　2) 계약금 지급후 '을'은 동 금액에 대한 채권확보를 위하여 가처분을 할 수 있으며, '을'의 요청시 총 지급액의 130% 범위내에서 근저당권 설정 또는 소유권 이전 가등기 신청을 위한 서류를 '을'에게 교부하기로 한다.

第 3 條 (契約擔保 및 土地使用承諾 等)

　본 계약 체결과 동시에 '갑'은 '을'의 인허가에 필요한 제반서류(토지사용 승락서, 인감증명서 등)를 매매키로 한다.

第 4 條 (所有權 移轉 및 명도 時期)

　가. '갑'은 '을'로부터 제2조 토지잔대금을 수령하거나, '을'의 서면통보에 의하여 잔대금 지불기일에 지불할 것을 명시한 약속어음 또는 금융기관의 지불 보증서로 지불할 경우 소유권 이전에 필요한 일체의 서류를 '을'에게 교부하고 부동산을 명도하기로 한다.

　나. 명도시 부동산 등기상에 기재되지 않은 하자는 명도후에도 '갑'의 책임과 비용으로 처리하기로 한다.

第 5 條 (設定權利의 抹消)

　가. 본 계약 체결 당시의 '갑'의 등기상에 설정된 소유권 이외의 모든 권리는 '갑'의 책임하에 제4조의 잔대금 지급일전까지 말소하여야 한다.

　나. 본 계약 체결일 이후 '갑'은 위 표시부동산에 '갑'의 소유권 이외의 어떠한 권리도 설정할 수 없으며, '갑'의 의지와 관련없이 행하여진 소유권을 제한 하는 권리(임차권, 가처분, 가압류, 지상권 등 일체의 권리)는 '갑'의 책임하에 제4조 잔대금 지불기일 전까지 말소하여야 한다.

　다. 상기 '가'항 및 '나'항의 설정권리 말소가 기한내에 완료되지 못할시 '을'은 중도금 또는 잔금의 지급을 연기하거나 권리의 말소를 직접 행할 수 있으며 이에 투입된 비용은 '갑'의 부담으로 하며 토지대금에서 상계 처리한다.

증거자료 1-2 : 이 사건 계약서 제2면

계약서 제2조 라항에서는, 기노걸의 계좌번호 "농협 241084-56-002254"가 기노걸의 자필이 아닌 다른 누군가의 필체로 작성되어 있었다. 〈증인A〉는 기노걸이 불러주는 것을 이지학이 직접 현장에서 기재하였다고 증언하였으나, 이는 후에 명백한 거짓임이 드러난다.

▶ 증거자료 1-2 이 사건 계약서 제2면

第 6 條 (農作物 等 支障物에 관한 事項)

가. '갑'은 표시 부동산상의 지장물 일체(미등기 건축물 및 기타 농작물과 지하구조물을 포함한다.)를 제4조 잔대금 지불기일전까지 '갑'의 책임과 비용으로 철거, 거주자의 퇴거 및 건물의 멸실등을 완료하여 토지 명도에 하등의 지장이 없도록 조치하여야 하며, '을'은 일반구조물 철거를 책임지고 철거한다.

第 7 條 (行爲 制限)

이 계약 체결후 계약자중 일방이 다음과 같은 행위를 할 경우 사전에 상대방의 서면 승낙을 얻어야 하며 승락없이 행한 행위의 모든 책임은 행위자가 부담한다.
1) '을'의 동의없는 표시부동산의 대금청구권 양도 및 소유권 이전
2) 이 계약서에 대한 질권등 제한물권의 설정 및 담보 제공
3) 상대방의 승인없이 이 계약서를 제3자에게 공개
4) '을'의 동의없는 매매,증여,전세권,저당권,임차권의 설정 기타 일체의 처분행위

第 8 條 (諸稅 公課金)

표시부동산에 대한 제세금 및 공과금은 과세기준일을 기준하여 제4조의 소유권 이전일 이전까지 발생된 부과분은 명의에 관계없이 '갑'이 부담하고 그 이후에는 '을'이 부담한다.

第 9 條 (違約에 따른 賠償)

가. '갑'과 '을'이 본 계약을 위반하였을 경우, 상대방은 상당한 기간을 정하여 상대방에게 그 이행을 최고한 후 본 계약을 해지할 수 있다.
나. 본 계약을 '갑'이 위약시는 계약금의 2배액을 변상하며 '을'이 위약시는 계약금은 '갑'에게 귀속되고 반환을 청구할 수 없으며, 계약 해지 및 해제로 입은 상대방의 피해는 별도 보상 및 배상키로 한다.
다. '을'이 아파트 사업을 위한 사업승인을 접수한 후 '갑'의 책임있는 사유로 본계약의 이행이 불가능하거나 이행이 지체될 경우 '갑'은 상기 '가' 항 내지 '나' 항의 배상과 별도로 '을' 의 기투입비용 및 예상 사업수익을 배상한다.

第 10 條 (特 約 事 項)

가. 본 계약의 내용은 '갑'과 '을'의 상속인 또는 포괄승계인에게 자동 승계된다.
나. 본 계약과 관련된 부동산의 소유권이전 및 지장물의 철거 등의 '갑'의 모든 책임은 계약 당사자인 '갑' 과 상속인 또는 포괄승계인 모두가 연대하여 부담한다.

증거자료 1-3: 이 사건 계약서 제3면

계약서 제6조 후단 문장에서, '을(H건설)'이 일반구조물(교량 및 등기된 건물)의 철거를 책임지기로 하고 있다.

▶ 증거자료 1-3 이 사건 계약서 제3면

第 11 條 (契約의 解釋 및 管轄地)

　　가. 본 계약서상에 명시되어 있지 아니한 사항은 일반 상거래 관행에
　　　　의하여 해석한다.

　　나. 본 계약에 따른 분쟁에 관하여 법률적 사안이 발생할 경우 소송
　　　　관할법원은 서울지방법원 본원으로 한다.

　　　　위와 같은 계약을 체결함에 있어 '갑'과 '을'은 위 계약조건을
충실히 이행할 것을 입증하기 위하여 이 계약서에 날인하여 각1부
씩 보관키로 한다.

1999. 11/24.

2000.

~~1999.~~

賣渡人 (갑) : 경기도 김포시 고촌면 향산리 67
　　　　　　261123 - 1053615

　　　　　　기 노 걸 ㊞

買受人 (을) : 서울시 종로구 ○○ 140-2
　　　　　　(110111-0007909)
　　　　　　○ ○ 건 설 주 식 회 사
　　　　　　대 표 이 사 김 ○ 규 ㊞

立 會 人 : 안양시 동안구 관양동 1508
　　　　　　○ ○ 종 합 건 설 주 식 회 사
　　　　　　대 표 이 사 김○환, 정○경

증거자료 1-4: 이 사건 계약서 제4면

매도인 란에는 기노걸의 주소, 주민등록번호, 성명, 계약일자 등이 기노걸의 자필이 아닌 다른 누군가의 필체로 기재되어 있고, 기노걸의 한글 막도장이 찍혀 있다. 후에 위 필체의 주인공은 W공영의 직원인 〈증인C〉의 필체임이 밝혀진다.

▶ 증거자료 1-4 이 사건 계약서 제4면

```
No._____

領 收 證

一金구억팔천삼백만원整 (₩983,000,000)

(但, 김포시 고촌면 향산리 토지매매대금(계약금 및 중도금)

上記 金額을 政히 領收함

1999
2000年 11月 24日   99. 11/24.

領受印 : 기 노 걸
        ( 261123  -  1253615 )


○○건설주식회사 貴重
```

증거자료 2 : 기노걸 명의의 영수증

H건설은 기노걸의 자필이 아닌 다른 누군가의 필체로서 기노걸의 성명, 주민등록번호를 기재하고, 기노걸의 막도장을 찍은
영수증을 증거로 제출하였다. 이는 뒤에 〈증인C〉의 필체임이 밝혀진다.

▶ 증거자료 2 기노걸 명의의 영수증

증거자료 목록

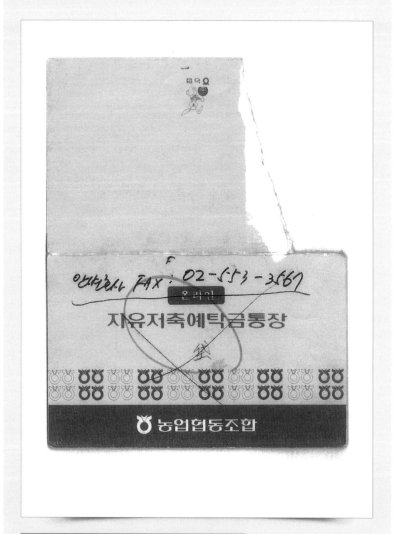

증거자료 5-1: 기노걸이 1997년 9월 24일자로 예금계약을 해지한 통장 표지

기노걸은 1997년 9월 24일자로 농협241084-56-002254 계좌의 예금계약을 해지하고, 통장의 마그네틱 선을 제거하기 위하여 뒷면표지 절반 정도를 훼손하였다. 그런데 H건설의 증인으로 출석한 〈증인A〉는 기노걸이 2000년 9~10월 경에 위 통장을 보고 계좌번호를 불러주어 이지학이 계약서에 직접 기재하여 넣는 것을 입회하여 보았다고 증언한다.

▶ 증거자료 3-1 기노걸이 1997년 9월 24이자로 예금계약을 해지한 통장 표지

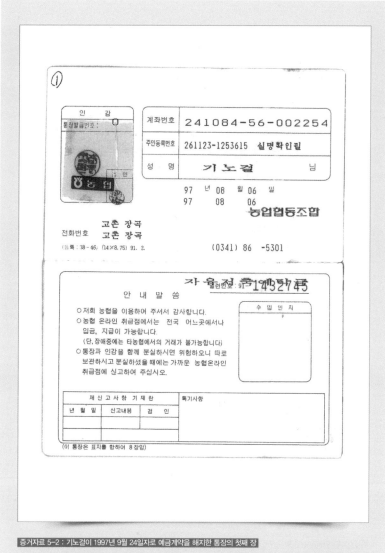

기노걸은 농협 241084-56-002254 계좌를 1997년 8월 6일자로 개설하여 같은 해 9월 24일까지 약 1개월 20일 가량만 사용하다가 예금계약을 해지하였다. 통장의 첫째 장 속표지이다.

▶ 증거자료 3-2 기노걸이 1997년 9월 24일자로 예금계약을 해지한 통장의 첫째 장

자유저축예탁금거래명세 　　　　　　🌸 농업협동조합

	년 월 일	찾으신금액	예입하신금액	잔　　액	적　요	취급점
1	계좌번호 : 241084-56-002254		신규	첫거래 감사합니다 !!		
2	97·08·06		₩10,000	₩10,000	현금	241084
3	97·09·01	김정철	₩94,900,000	₩94,910,000	자기앞41	241083
4	97·09·01	김정철	₩100,000,000	₩194,910,000	자기앞41	241083
5	97·09·01	김정철	₩100,000,000	₩294,910,000	자기앞41	241083
6	97·09·24	₩70,000,000	26722761-10	₩224,910,000	대체	241084
7	97·09·24	₩224,910,000		₩0	해지	241084
8						
9						
10						
11						
12						
13	원　　금			₩224,910,000		
14	예금이자			₩557,522		
15	소득세			₩83,620		
16	법인세			₩0		
17	주민세			₩8,360		
18	농특세			₩0		
19	세금합계			₩91,980		
20	환경기금			₩0		
21	차감이자			₩465,542		
22	현금지급			₩465,542		
23	기노걸　님 농협을 이용해주셔서 감사합니다					
24						

적요란 설명
　K : 기 장　　　　J : 정 정　　　　B : 부도지급
　X : 취 소　　INT : 이 자　　11~43 : 타점킨
　CD : 현금밀출기　AM : 자동이체　　　마음은 농촌 저축은 농협

증거자료 5-3 : 기노걸이 1997년 9월 24일자로 예금계약을 해지한 통장의 둘째 장

기노걸은 농협241084-56-002254 계좌를 1997년 8월 6일 개설하여 같은 해 9월 24일까지 약 1개월 20일간 약 5차례 정도만 사용하고 곧바로 예금계약을 해지하였다는 내용이 표시되어 있다. 기노걸은 같은 날 농협에서 다른 계좌를 개설하여 2004년 8월경 사망 시까지 사용하였다.

▶ 증거자료 3-3 기노걸이 1997년 9월 24일자로 예금계약을 해지한 통장의 둘째 장

통 고 서

수신인 : 경기도 김포시 고촌면 향산리 67번지

　　　　기 노 걸 귀하

발신인 : 김포시 사우동 256-7 경동빌딩3층

　　　　○○종합건설(주) 대표이사 김○회

　　당사는 1997년 3월 향산취락지구 저밀도 변경승인이 완료된 시점에서부터 개발계획을 다시 수립하여 현재까지 사업을 진행해 온 바 막대한 개발사업비를 부담하면서 향산리 개발에 노력하였으나 당사가 동아건설(주)로부터 양도 승계받은 부동산 양도권리를 인정하지 않음에 따라 개발이 지연되어 이 내용증명을 발송합니다. _누가?_

　　현 향산리의 개발면적은 93,000평으로 도시계획도로 및 학교, 공원 등 33,000평은 기부채납하여야 하며 공동주택용지로 60,000평을 사용하게 됩니다. 또한 현부지는 윗상리 일부와 아랫상리 반이상이 군사시설보호지역으로 되어 있어 군시설에 대한 대체시설물 이전비 등 개발자의 사업비 부담이 가중되고 있고 104번 군도로로 사용하게 될 도로개설비, 사우지구 우회도로와 연결되는 향산IC 공사비(약 50억) 등 순수 토지비로 산정시 귀하의 토지평수의 절반이 기부채납 또는 개발비 부담으로 되어 있습니다. 따라서 귀하 토지가의 2배에 상당한 사업비가 지출되는 셈입니다. 지금까지 도로를 70만원, 전답을 80만원, 대지는 100만원(건물비 별도 보상) 선에서 협의 매입을 해온 바 90% 이상의 주민이 이에 동의하고 계약을 완료한 반면, 귀하는 이에 불응하고 개인의 이익만을 추구하고 있어 먼저 내용증명으로 당사의 사업경위와 취지를 설명하고 도시개발법 21조의 2/3이상 토지매입 및 토지소유자 총수의 2/3 이상 동의한 근거에 따라 동법제13조에 의거 토지수용권을 부여받아 사업시행을 하고자 합니다. 이러한 사태는 귀하의 비협조와 터무니 없이 높은 토지가격을 요구함으로 당사로 하여금 불가피한 선택을 하도록 한 것입니다. _? 기개발_

　　지금까지 당사의 개발비 부담으로 향산리 전체의 막대한 개발이익을 가져다 준 공로를 인정하지 못하는 귀하에게 섭섭함을 표하며 아무런 물리적 마찰없이 해결되기를 기대합니다. 안녕히 계십시오.

붙임 : 사업추진경위서 1부. 끝.

이 우편물은 2000/07/28 제 181150
호에 의하여 내용증명우편물로
발송하였음을 증명함
　　김포우체국장

　　　　　　　　　　　　2000년　　월　　일

▶ 증거자료 4 Y종합건설이 2000. 7. 28. 기노걸에게 보낸 통고서

계약자	지번	평수	계약금	중도금	잔금	계약일자	비고
						12/24	
						"	
						12/24	
						"	
						"	
						12/2	
						2/1	
						"	
						"	
						12/10	
						2/1	
						"	
기노걸	66-2 67-1	883.6	89,9,1 284,700,000	89,11,6 658,100,000	66,5,10 953,000,000	12/15	
						12/24	
						12/10	
						"	
						"	
						1/24	

▶ **증거자료 5 계약자현황**

증인 A가 직접 자필로 작성한 김포 고촌면 향산리 지주 15명과 계약 현황을 기재한 서류이다. 이 중 1999년 12월 10일이 가장 빠르고, 2000년 2월 1일이가장 늦은 일자이므로 위 서류는 그 사이에 작성된 것으로 추정된다.

기노걸은 1999년 12월 15일 계약 체결한 것으로 기록(잔금 지급일은 2000년 5월 10일)되어 있는데, <증거자료 4>에서 2000년 7월 28일 Y건설이 기노걸에게 계약체결을 종용하고 있는 것으로 보아, 위 계약자 현황에 기재된 1999년 12월 15일자 계약서는 기노걸의 허락 없이 위조한 것임을 알 수 있다.

진실과 정의, 자유심증주의

진실(眞實)이란 '거짓이 없는 사실'을 말합니다. 왜곡이나 은폐, 착오를 모두 배제했을 때 밝혀지는 있는 그대로의 사실을 우리는 '진실'이라고 합니다. 진실 그 자체가 곧 정의(正義)라고 할 수는 없습니다. 그러나 진실에 바탕을 두지 않는, 다시 말하면 거짓에 바탕을 둔 정의란 존재할 수 없습니다.

정의(正義)란 '진리(眞理)에 맞는 올바른 도리'를 말합니다. 진리(眞理)란 '참된 이치' 혹은 '언제 어디서나 누구든지 승인할 수 있는 보편타당한 법칙'을 말합니다. 인간은 불완전하기에 언제 어디서나 누구든지 승인할 수 있는 보편타당한 진리(眞理)가 무엇인지를 알기는 어렵습니다. 아마도 그것은 신(神)의 영역에서 판단할 문제일 것입니다. 그러니 진리에 바탕을 둔 정의(正義)가 무엇인지도 당연히 신(神)의 영역일 것입니다.

그럼에도 인간은 본성적으로 진리(眞理)에 바탕을 둔 정의 (正義)를 추구하려는 소망이 있습니다. 이러한 소망을 더욱 체계적이고 쉽게 성취하려고 만들어 낸 것이 바로 법(法)입니다. 즉, 법(法)은 불완전한 인간이 정의를 가장 효율적으로 구현해 내고자 만들어 낸 도구입니다.

법을 통하여 추구하려는 정의(正義)도 반드시 진실에 바탕을 두어야 합니다. 다시 말하면 거짓에 바탕을 둔 사실인정이나, 이를 토대로 한 법 집행은 결단코 정의(正義)가 될 수 없습니다. 진실 그 자체가 곧바로 정의라고는 할 수 없지만, 정의는 반드시 진실을 바탕으로 하여야만 도달할 수 있습니다.

민사소송법 제202조는 법원의 자유심증주의를 규정하고 있습니다. 법원은 변론 전체의 취지와 증거조사 결과를 참작하여 자유로운 심증으로 사회정의와 형평의 이념에 입각하여 논리와 경험의 법칙에 따라 사실주장이 진실(眞實)한지 아닌지를 판단합니다.

법원의 자유심증주의는 구체적 재판 과정에서 정의를 더욱 효율적으로 구현해 내고자 고안된 개념이자 도구입니다. 철학적 개념인 정의(正義)는 민사소송법 제202조에서 "사회정의"라는 용어로 도입되었고, 여기에 상호 균형을 뜻하는 "형평"이라는 개념까지 더해졌습니다.

즉, "사회정의와 형평의 이념에 입각한 논리와 경험법칙"이란 곧 "정의의 규준"을 의미하고, 법원은 정의의 규준에 따라 진실만을 사실로 인정해야 한다는 것이 바로 민사소송법 제202조 자유심증주의의 골자입니다.

법원의 자유심증주의는 법관의 재판독립과 신분보장에 대한 구체적인 답변이자 법관에 대한 기본적 신뢰를 보여주기도 합니다. 법원의 자유심증주의가 배제된 재판 진행은 상상하기 어렵습니다. 법원의 자유심증주의가 흔들림이 없이 올바로 설 때 판결의 권위는 더욱 단단해질 것입니다. 미국에서 판사를 Justice라고 부르는 이유도 여기에 있을 것입니다.

현실 재판에서 법원의 자유심증주의는 어떻게 작동되고 있을까요?

혹여, 법원은 변론 전체의 취지와 증거조사 결과만 참작하여 어떠한 사실 주장이 진실한지 아닌지를 판단할 수 있는 막강한 권한이 있다는 의미로 통용되고 있는 것은 아닐까요? 물론 이것도 완전히 틀린 말은 아닙니다. 그렇지만 여기에는 가장 중요한 무언가가 빠져 있습니다. 바로 사실인정은 언제나 정의의 규준에 맞아야 한다는 목표가 빠졌습니다.

즉, 법원의 사실인정은 언제나 '사회정의와 형평의 이념'에 입각하여야 하며 '논리와 경험의 법칙'에 따라야 한다는 '정의의 규준'에 맞추어야 합니다.

다만, 법원이 이러한 정의의 규준에 어긋나는 사실인정을 하여도 해당 법관에게 불이익을 줄 수는 없습니다. 이는 헌법이 법관의 재판독립과 철저한 신분보장을 선언하고 있기 때문입니다. 법원의 잘못된 사실인정은 상소 등 법 절차에 따라서 바로잡아야 합니다. 이러한 절차에 의해서도 바로잡을 수 없으면 그 불이익은 고스란히 당사자에게 돌아갑니다. 마치 지진, 홍수, 태풍 등 천재지변(天災地變)과 같은 어쩔 수 없는 재난의 피해자가 되는 것과 같습니다.

법원의 자유심증주의가 올바르게 작동되면 법원과 판결

에 대한 국민의 신뢰는 높고 강해질 것입니다. 당연히 법관의 재판독립과 철저한 신분보장의 필요성도 더욱 강조되면서 국민의 존경을 받게 될 것입니다.

반면, 법원의 자유심증주의가 법관의 고유 권한이라는 측면만이 강조되면서 정의의 규준을 이탈하는 모습이 수시로 발생한다면, 법원과 판결, 그리고 법률가들에 대한 전반적인 불신은 걷잡을 수 없이 커질 것입니다.

사례에서 소개된 사건의 쟁점, 즉 이 사건 계약서를 기노걸이 작성하였는지에 대한 사실인정은 오로지 법원의 자유로운 심증의 발동에 따라 결정되었습니다. 이 과정에서 법원이 정의의 규준에 따랐는지는 의문입니다. C를 찾아냄으로써 제1,2심에서의 사실인정이 잘못(이지학이 현장에서 직접 계약서 기재 사실)으로 드러났고, 나중에는 A의 자필 문서까지 발견되어 재심에서의 사실인정도 잘못(2000년 9월 내지 10월 계약서 작성 사실)으로 밝혀졌습니다. 결국 A와 C는 위증죄로 기소되어 유죄 확정판결까지 받았음에도 여전히 잘못된 사실인정을 고집하는 법원의 판단은 너무도 아쉽습니다. 아마도 법원은 자유심증주의에 대한 법원 고유의 권한만을 지나치게 강조하고 있는 것 같습니다.

H건설이 법원에 핵심 증거로 제출한 진술서 및 증인의 증언이 허위로 드러났습니다. 웬만하면 자신들의 주장이 잘못되었다고 실토할 법도 합니다. 그럼에도 그들이 끝까지 거짓을 앞세워 법원을 속이려는 태도는 경악 그 자체였습니다. 아마도 그들은 수단과 방법을 가리지 않고 법원을 속여 왜곡된 판결만 받으면 모든 것이 용서된다고 생각하는 것 같습니다. 이는 곧 70여 년 대한민국 사법 문화 자체에 심각한 왜곡이 아주 깊게 드리워져 있다는 것을 방증합니다.

변호사법 제1조는 변호사는 기본적 인권을 옹호하고 사회정의 실현을 사명으로 하며, 그 사명에 따라 성실히 직무를 수행하고 사회질서의 유지와 법률 제도의 개선에 노력하여야 한다고 규정하고 있습니다.

법원이 마지막까지 우리 사회의 정의 구현을 기필코 포기하지 않는 기관으로 우뚝 서면서 국민의 존경과 사랑을 받는 날이 하루속히 오기를 기원합니다. 또한 이러한 과정에서 법원(법관)의 자유심증주의가 그 본연의 역할에 충실하면서 올바르게 정착되기를 진심으로 바라면서 글을 마칩니다.

자유심증주의

초판1쇄 인쇄 2024년 05월 20일
초판1쇄 발행 2024년 05월 27일

저자　　안천식
펴낸곳　　도서출판옹두리
디자인　　위하영
교정　　조대성
출판등록 2014년 9월 30일 제2014-000176
주소　　서울특별시 반포대로30길 47, 201호, 202호
전화　　02-553-3250
팩스　　02-553-3567
이메일　　anch9981@hanmail.net

가격 16,000원

ISBN 979-11-987627-0-2-13360